日本の都市百選

第2集

稲垣　稜
牛垣雄矢
小原丈明
駒木伸比古
西山弘泰
山口　晋
編著

五島市（山口　晋撮影）

古今書院

A Selection of Attractive Japanese Cities, volume 2

Edited by INAGAKI Ryo, USHIGAKI Yuya, KOHARA Takeaki, KOMAKI Nobuhiko, NISHIYAMA Hiroyasu and YAMAGUCHI Susumu

ISBN978-4-7722-6132-6

Kokon Shoin Publishers Ltd., Tokyo

目次

特番◈神奈川県 **横浜市**

Ⅰ 大型商業施設を通じてみる横浜の歴史と変容 1
Ⅱ 職住からみる横浜みなとみらい21 12
Ⅲ 多摩田園都市と持続可能なまちづくり 21
Ⅳ 横浜のエスニック空間──多様な人による多様な都市空間 33
Ⅴ クラフトビール、市民酒場、そして「はま太郎」 44
Ⅵ 「港町」と「東京とのつながり」からみた横浜の地誌 53

北海道 **帯広市** 道産の日本酒とワイン、そして北の屋台と路地 63

岩手県 **盛岡市** 商業地区が移動する「メンクイ」の街 72

新潟県 **新潟市** 港町として発展した本州日本海側最大の都市 83
福井県 **福井市** 人々が織りなす幸福な都市 92
静岡県 **三島市** 新幹線がつなぐ快適な生活とキャリア 103
岐阜県 **大垣市** 大都市圏外縁部の地域中心都市 112
三重県 **名張市** 「東海地方」にある「大阪大都市圏」最外縁部のベッドタウン 121
広島県 **東広島市** 増える人　消える赤瓦 131
香川県 **高松市** 四国の「玄関口」 139
愛媛県 **松山市** 街角に文学の息づく地方都市 149
福岡県 **北九州市八幡** すべての道は鉄に通ず 160
長崎県 **五島市** ワイン、焼酎、そしてクラフトジン 172
あとがき 181

『日本の都市百選　第1集』目次

北海道 旭川市　デザインを感じる都市空間

青森県 青森市　鉄道とともに歩んできた交通都市

秋田県 秋田市　6号酵母、酒米、夜の盛り場

栃木県 宇都宮市　日本に類を見ない石のまち

埼玉県 富士見市　多様性に富んだミニ開発都市

千葉県 木更津市　快適でリーズナブルな郊外ライフ

東京都 赤羽・蒲田　飲み屋街と都市の24時間化

東京都 神楽坂・秋葉原　裏路地と雑居ビルから生まれる消費文化

長野県 塩尻市　日本酒の酒蔵とワイナリー、そしてテロワール

岐阜県 高山市　人を誘引する都市の魅力

愛知県 豊橋市　農工商バランスのとれた東三河の「首都」

滋賀県 大津市　郊外の多核的な県庁所在都市

大阪府 大阪市①　買い物行動からミナミの地盤沈下を考える

大阪府 大阪市②　人から読み解くキタの姿

奈良県 生駒市　観光都市からベッドタウン、そして脱ベッドタウン

徳島県 徳島市　大型店の立地を通じてみる地方都市の変貌

長崎県 長崎市　地形と港がもたらした文化と賑わいが残るまち

宮崎県 宮崎市　南国ムードを演出する「人工の美」

旭川市
帯広市
青森市
秋田市
盛岡市
新潟市
宇都宮市
福井市
塩尻市
富士見市
東京都神楽坂・秋葉原
高山市
横浜市
東京都赤羽・蒲田
大津市
大垣市
木更津市
東広島市
高松市
三島市
豊橋市
名張市
北九州市八幡
徳島市
松山市
生駒市
五島市
大阪市①ミナミ
大阪市②キタ
長崎市
宮崎市
★ 第2集で取り上げた都市
● 第1集で取り上げた都市

［駒木伸比古作成］

特番◈神奈川県 横浜市 Ⅰ

大型商業施設を通じてみる横浜の歴史と変容

◆港町「横浜」をどう読み解くか

筆者が横浜と聞いてまず思いつくのは、「港町」である。言わずと知れた開港の地であり、横浜ベイブリッジ、大さん橋などが目に浮かぶ。「ブルー・ライト・ヨコハマ」[1]をはじめとして歌謡曲にも多く歌われ、「横浜＝港町」の構図はもはや定型ともいえる。商業施設に目を向けても、赤レンガ倉庫や元町・中華街など、港町の歴史に関係するものが思い浮かぶ。しかし、本章のテーマに据えたのは、「大型商業施設」である。大型商業施設の立地には、社会・文化のトレンドが反映されている。また、農地や工場跡地といった出店用地からは、地域における産業の変化を読み解くことができる。百戸に満たない寒村であった横浜は、１８５９（安政６）年の開港にともない日本の玄関口として発展が始まり、戦禍や高度経済成長を経て巨大都市に成長した。五大都市（大阪市、名古屋市、京都市、横浜市、神戸市）における店舗当たり売場面積を比較してみると、１９８０～２０００年代の期間は横浜市が最も大きい。このことから、都市成長の過程で、百貨店やショッピングセンターなどの大型商業施設の寄与がうかがえる。以下では、大型商業施設の立地動向を通じて、横浜の姿を読み解いていくことにする。

◆商業動向からみえる「衛星都市・横浜」

横浜の商業、とりわけ小売業は、他の大都市に比べて人口規模の割には低水準であるとされる。そこで、横浜市における小売業の推移を示してみた（図1）。横浜市の小売業販売額は１９９０年代まで増加し、その後はおおむね横ばいで推移していたが、２０１２年から再び増加し、２０１６年には過去最高の数値を示した。しかし一人当たり小売業年間販売額をみると、横浜市は五大都市のなかで常に最低値であり、同じ港町である神戸市と比べても1割ほど低い。

　こうした特徴を示す理由としては、東京という大商業地に近接していることが挙げられる。ＪＲや東急、京急などで都心と結ばれ、その運行頻度は世界でもトップクラスである。こうした都市圏スケールでの地理的特性が、求心力の小ささの要因となっていると考えられる。横浜は首都圏の中核都市であると同時に、衛星都市でもあるのである。

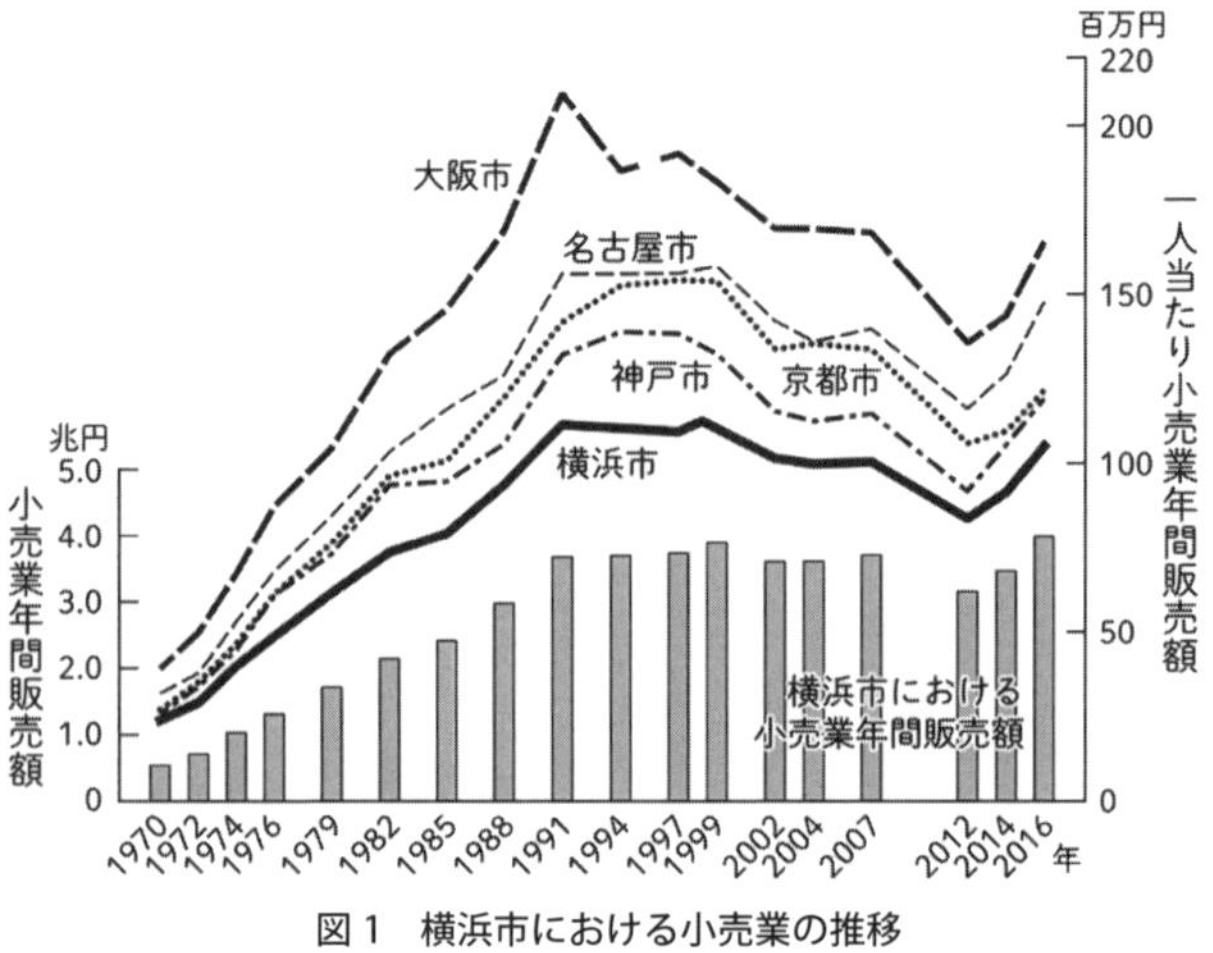

図１　横浜市における小売業の推移

経済センサスの実施に伴い，2007 年以前と 2012 年以降の比較が単純にはできないことに留意．商業統計表により作成．

◆大型商業施設の歴史と立地動向

戦前の大型商業施設と言えば、百貨店である。１９３０年代（昭和初期）の伊勢佐木町付近には野澤屋

(のちの横浜松坂屋)や松屋、寿百貨店、相模屋などが立地しており、横浜の文化や賑わいを創出していた。戦争で市街地は灰燼に帰すが、戦後になると1959年の横浜高島屋の進出を皮切りに、1985年の横浜そごうが開店するなど、横浜駅周辺へ百貨店が相次いで出店し、ターミナル商業地を形成するようになった。それと前後して1970年代頃からは、ニュータウンの開発にともない、郊外のターミナル駅周辺に鉄道資本や大手流通企業による総合スーパーが立地するようになった。1990年代になると、大型店出店規制の緩和も相まって大型ショッピングセンターの出店が加速した。その一方で、2000年代以降は建物の老朽化や再開発、経営悪化などによる閉鎖もみられる。ただし、地方都市と異なり、そのほとんどは再び商業施設となっている。

年代と業態からみた大型商業施設[2]の立地動向を表1に示した。1970年代以降、ほぼコンスタントに出店がされていることがわかる。しかし、業態別により傾向は異なっており、例えば百貨店は2010年代以降に出店はみられない。その一方で、専門店は1990年代以降、ホームセンターは2000年代以降に出店が始まっており、時代ごとの業態の盛衰が反映されている。

次に、立地動向を地図化したものが図2である。横浜駅周辺から関内《かんない》・伊勢佐木町《いせざきちょう》、みなとみらい21にかけてのエリアを都心核、新横浜《しんよこはま》駅を副都心核とし、港北《こうほく》センターや上大岡《かみおおおか》、戸塚《とつか》などの鉄道主要駅周辺が郊外核となっていることが読み取れる。ロードサイドの集積はあまりみられず、日常生活の移動に

表1　年代別・業態別にみた大型商業施設の立地

業態 ＼ 立地年代	1960年代以前	1970年代	1980年代	1990年代	2000年代	2010年代	2020年代	合計
百貨店	4	1	4	3	1			13
寄合百貨店	2	1	2	3	3	3	2	16
SC		1	3	7	7	4		22
GMS	1	10	4	5	3	1	1	25
食品スーパー		2		1	1		1	5
専門店				4	6	1		11
ホームセンター					5	2		7
合計	7	15	13	23	26	11	4	99

注：閉鎖店舗も含む．SCはショッピングセンター，GMSは総合スーパーを意味する．全国大型小売店総覧などにより作成．

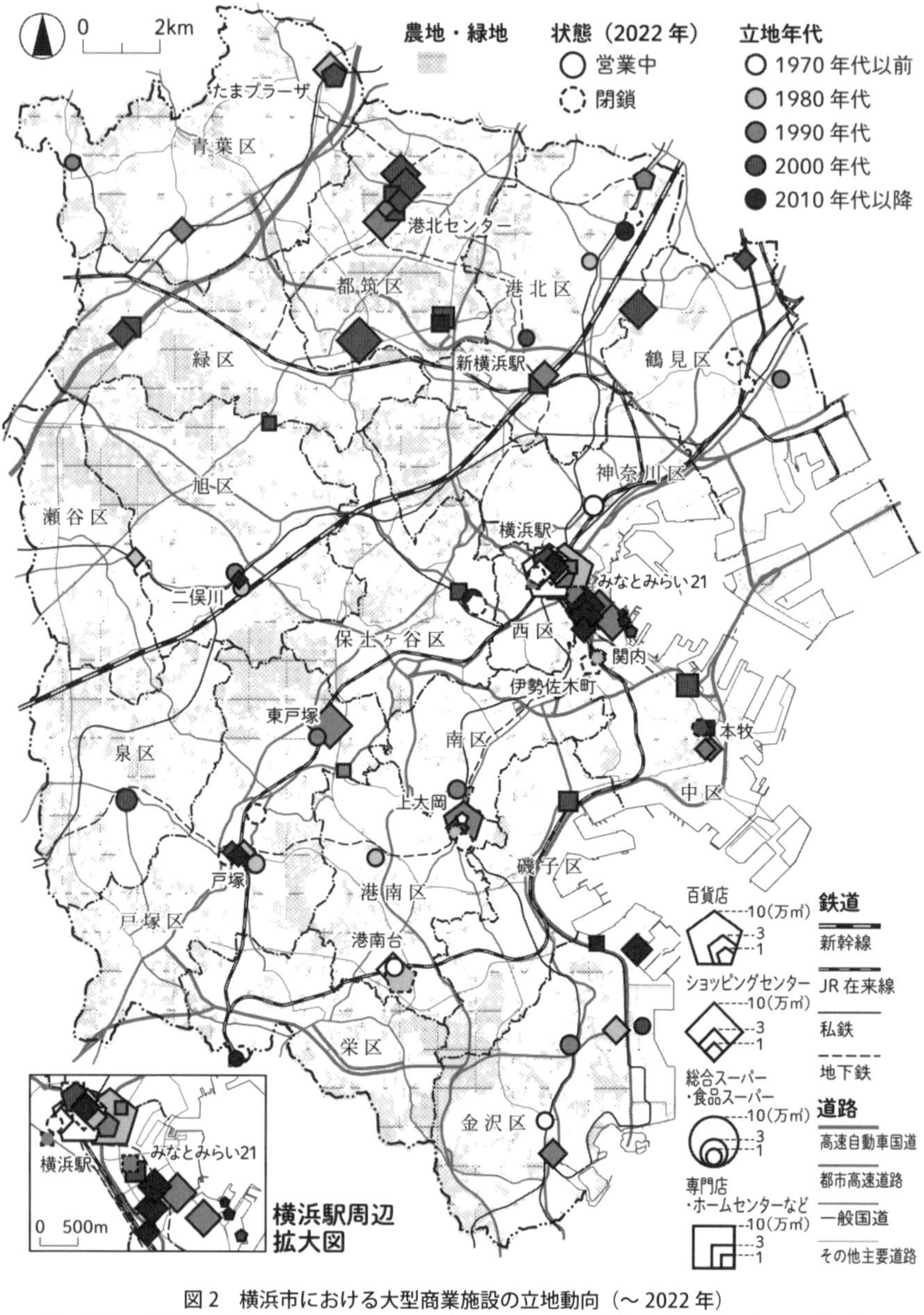

図 2　横浜市における大型商業施設の立地動向（〜 2022 年）
同一場所への出店の場合は転位させた．国土数値情報，全国大型小売店総覧などにより作成．

鉄道利用が多い大都市の特徴が表れている。年代を追ってみると、１９７０年代以前は横浜駅西口が最も集積している場所であり、それ以外は主要な鉄道駅周辺に少し立地がみられる程度であった。その傾向は１９８０年代もさほど変わらず、既存の集積地への出店がなされている。新規立地の傾向が大きく変わったのが１９９０年代である。まず、港北センターや東戸塚など、それまでみられなかった郊外にショッピングセンターや総合スーパーが立地するようになった。また、みなとみらい21や本牧《ほんもく》など、港湾地区への立地も確認できる。２０００年代になると、港北ニュータウンをはじめ、東京に近い北部地域での新規立地が盛んになった。しかし２０１０年代以降は、みなとみらい21をはじめとした港湾地区への立地や、再開発によるターミナル駅周辺への立地が再びみられるようになっている。

さらに、大規模商業施設が立地場所における過去の土地利用の特徴をみてみよう。１９６０年代の土地利用を基準とした集計結果が表2である。[3] 全体として多いのが工場・物流系の用地であり、合わせて半数近くを占めている。そのなかでは港湾や海域が目立っており、開港以降、港湾の整備を進めてきた港町・横浜の歴史が反映されている。また、里山や農地も多く、１９７０年代に切土や盛土により造成された郊外ニュータウン開発が反映されていることがわかる。[4] その他、横浜らしさがみられるのは、米軍接収地であろう。戦後、横浜の中心部とその周辺市街地に残った百貨店や劇場、事務所、住宅、そして官公庁や学校、公園などが接収され、復興が立ち遅れる原因となった。その後は順次解除され、返還地の多くは公共施設となったが、一部では区画整理事業が行

表２　大型商業施設の出店場所における過去の土地利用

1960年代の土地利用		立地件数	割合（%）
市街地系	商業ビル	3	3.3
	市街地	14	15.2
農地系	農地	8	8.7
	里山・農地	24	26.1
工場・物流系	工場・物流施設	17	18.5
	港湾	14	15.2
	海域	4	4.3
	鉄道用地	6	6.5
	米軍接収地	2	2.2
合　計		92	100.0

注：閉鎖店舗も含む．海域は，1960年代には海水面が広がり埠頭などの港湾設備がみられないケースを示す．同一場所への立地した場合は１件とカウントした．地理院地図および全国大型小売店総覧などにより作成．

われ、その際に大型商業施設が出店したケースがみられる。
以上から横浜市における大型商業施設の立地動向は、ターミナル駅周辺への立地からニュータウン開発にともなう郊外立地、さらには1990年前後をピークとする工業の転換による港湾・物流施設跡への立地、という変化を辿ってきたとまとめられよう。その背景には東京の外港や業務核、衛星都市、そしてベッドタウンという横浜が持つ多様な都市機能とその変容が反映されているといえよう。

◆横浜を構成する個性的な商業集積地

以下、横浜らしさがみられる大規模商業施設が集積する場所をピックアップし、紹介する。

【都心─横浜駅周辺】　横浜の玄関口といえば、横浜駅西口であろう。横浜髙島屋、相鉄《そうてつ》ジョイナス、横浜モアーズ、横浜ビブレなど数多くの大型商業施設が立地しており、2023年にはイオンモールによるCeeU Yokohamaも出店している（写真1）。一方、東口にも売場面積では十本の指に入るそごう横浜店や横浜ベイクォーター、ルミネ横浜、マルイシティ横浜などが集積しており（写真2）、名実ともに商業集積地としての景観が広がっている。
ただし、1950年代までは横浜における商業中心は関内・伊勢佐木町近辺であった。終戦後、横浜駅西側は米軍に接収され、荒涼とした資材置き場であったという。しかし、1952年に返還された後、横浜駅の乗換客の多さを見込んで相模鉄道が用地を買収した。そして相鉄ジョイナスの前身である名品街を

写真1　横浜駅西口
中央にあるバスターミナルは，20系統を超える路線が発着している．手前にはJR横浜タワーが，奥には相鉄ジョイナス（核店舗は横浜髙島屋）が見える．2023年1月15日駒木撮影．

開店させたことを機に、百貨店をはじめとする大型商業施設が立地した。一方、東口は１９５０年代は主に市電・バス乗り場となっていたが、１９８０年代の再開発事業にともない地下街やそごう横浜店をはじめとする大型商業施設が立地した。そして東西を結ぶ通路も整備されたことで、横浜駅は巨大ターミナルを形成することになった。日本最大級の大規模商業施設集積地であるといえよう。

【かつての港湾―みなとみらい21】　１９６５年に発表された「横浜市六大事業」[5]の一つとして造成された地区である。開発前は鉄道や物流用地、港湾施設などとして利用されていたが、横浜駅と関内地区の一体化と都市機能強化を目的として１９９０年代より整備された。大型商業施設については、２０００年代以降、ランドマークプラザ、クイーンズスクエア横浜、ＭＡＲＫ ＩＳ みなとみらい、リーフみなとみらい、横浜ワールドポーターズなど、数多くの大型商業施設が立地し、さらに観光施設や公園、ホテルなども次々とオープンしてきた（写真3）。また赤レンガ倉庫や横浜ハンマーヘッド

写真２　横浜駅東口
振り返るとルミネ横浜が立地しており，首都高速道路を隔てた奥にはそごう横浜店が見える．なお，そごうが入居する横浜新都心ビルは，みなとみらい 21 地区最西端（68 街区）に位置している．2023 年 1 月 15 日駒木撮影．

写真３　みなとみらい 21
桜木町と新港地区は鉄道廃線跡（臨港線）を利用した歩道（汽車道）で結ばれており，レールや橋脚などが残されている．奥に見えるのは巨大ショッピングセンター・横浜ワールドポーターズであり，多くの観光客で賑わう．右上に見えるのは，日本初の都市型循環式ロープウェイ YOKOHAMA CABIN である．2023 年 1 月 15 日駒木撮影．

など、かつての港湾施設を活用した商業・集客施設が立地していることも特徴である。

【古くからの繁華街―関内・伊勢佐木町】　戦前は日本有数の繁華街であり、戦後もイセザキモールを軸として横浜松坂屋やマルイが立地するなど、商業求心力も高かった。しかし、横浜中華街やみなとみらい21の集客力増加にともない、賑わいは相対的に減少していった。横浜初の百貨店の流れをくむ横浜松坂屋は２００８年に閉店したが、跡地には２０１２年にカトレヤプラザ伊勢佐木が開業した。イセザキモールに面した部分は、横浜市歴史的建造物に認定されていたアールデコ調の旧横浜松坂屋本館外観を模したものとなっている。

【鉄道会社によってつくられた郊外核―上大岡】　１９５０年に京浜急行上大岡駅が急行の停車駅となったことを機に、駅周辺の宅地開発が進められた。それと呼応するように都市機能が集積し、京急百貨店や三越上大岡店が立地した。１９９０年代に入ると乗降客数の増加や副都心として位置づけられ再開発が行われたことを背景に、京急百貨店（ウイング上大岡）やサンプラザ、ミオカなどが立地した。特に東急百貨店は鉄道会社による典型的な商業開発の例であり、駅の改札口やホームから直接入店が可能である（写真４）。現在では横浜市内有数の繁華街・副都心の一つとなっている。

【宿場町起源の郊外核―戸塚】　古くは東海道でも有数の宿場町（戸塚宿）として発展してきたが、昭和初期に現在の日立製作所やブリヂストンなどの工場が立地、内陸工業地帯となった。戦後の１９６０年代頃からは周辺で住宅開発が進んだ。１９８０年代には戸塚駅前東口で再開発が行われ、「ラピス戸塚」と

写真４　京急上大岡駅ホーム

平日の日中は３～４分間隔で列車が発着しており，そのうち快速特急・特急は毎時６～10本程度が運行されている．ホームから直接，京急百貨店上大岡店に入店できるようになっている．2023年１月15日駒木撮影．

して3つの商業ビルが立地した。一方、西口には宿場町を起源とする市内でも有数の売上を誇る商店街があったが、その後は売上が伸び悩んだ。現在では再開発事業によりサクラス戸塚やトツカーナモールが立地し、訪れた人々による賑わいがみられる（写真5）。

【ベッドタウンの象徴—港北センター】　前述の横浜六大事業の一つとして計画されたのが港北ニュータウンである。造成前は雑木林や竹林を中心とした里山や農地が広がっていたが、1980年代から本格的な開発が始まった。当初は「陸の孤島」と呼ばれることもあったというが、現在は郊外の一大中心地区となっている。センター北駅からセンター南駅にかけては、モザイクモール港北やノースポートモール、港北TOKYUショッピングセンターなどが立地する一大商業地区となっている。大規模な駐車場が確保され、モータリゼーションに対応した形態となっていることも特徴である。

【南のマンモス団地の中心地—港南台】　1973年の根岸線全通により開業した港南台《こうなんだい》駅周辺は、大型商業施設の集積地となっている。1974年には港南台バーズ、1977年にはダイエー港南台店が出店し、さらに1983年には港南台バーズの増床部分へ高島屋が進出するなど、横浜市南部の郊外商業核となった。周辺には集合住宅が立ち並び、港北ニュータウンと並ぶ大規模団地となっている。2020年に高島屋は撤退したが映画館などは入居しており、依然として集客力は高い（写真6）。

【米軍接収の地—本牧】　戦後に横浜海浜住宅として米軍によ

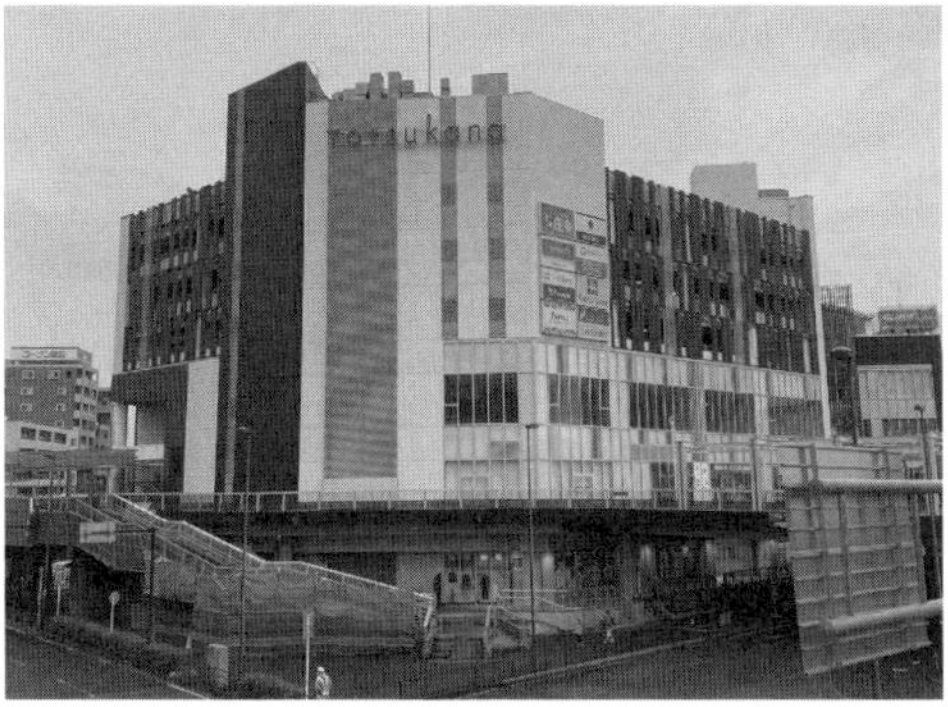

写真5　戸塚駅西口に建つトツカーナ
桜戸塚駅西口再開発事業の核となる共同ビルであり，東急不動産が運営する東急プラザ戸塚と，再開発前に戸塚駅西口商店街で営業していた地元店舗が主体となるトツカーナモールが入居している．2023年1月15日駒木撮影．

り接収され、アメリカ文化の発信地となった。１９８２年に返還された後は、区画整理事業により再開発された。なかでも横浜市の要望を受け建物一帯がスペイン植民地様式風のデザインで統一・開発されたマイカルタウンが注目される。９つの街区から構成され、マイカル本牧はその核店舗であった。開店当初は賑わったというが、マイカルの倒産を経てイオン本牧店となり、その他の街区はマンションなどに建て替わっている。

◆おわりに―横浜の商業の将来に向けて

冒頭に述べた華やかなイメージは、港町・横浜の一側面に過ぎない。大型商業施設の立地動向を通じて、東京の外港としてスタートし、戦後の占領期を経て、高度経済成長の人口増加にともなう郊外開発、そして産業構造の転換による２０００年代以降の大規模再開発、という流れを理解できよう。

では今後、横浜の大型商業施設はどのような将来を迎えるのであろうか。ここで、横浜が「まちづくり」の実践の場であることに注目したい。都市政策プランナーである田村明らの「まちづくり」の理念は、現在の横浜の都市デザイン、そしてまちづくりにも脈々と受け継がれている。さらに、本稿を執筆していて実感したのは、横浜市による都市研究の厚い蓄積である。例えば政策研究誌『調査季報』（横浜市）は、１９６３年11月から２０２３年３月現在まで、通算で１８８号が刊行されている。第１号の巻頭言では市政の改善を進める原動力として市民の活動、都市の理想像の提示、科学的調査の実行が挙げられている。(6)

写真６　港南台駅前に建つ港南台バーズ
1983～2020 年の間，写真右側に見える建物には横浜高島屋がテナントとして出店していた．2023 年 1 月 15 日駒木撮影．

かつては大型店と商店街との対立構造が示された時もあったが、今や、それぞれの強みを生かした地域計画やデザインが必要であろう。その際に、多様な人々や文化が行き交う港町・横浜に蓄積された都市の経験と科学的・学術的研究が、地域商業と共存できる大型商業施設のあり方を示してくれるかもしれない。

（駒木伸比古）

［注］
（1）歌詞に直接「港町」という単語は登場しないが、港の見える丘公園から見た横浜・川崎の工業地帯の夜景をイメージしているという。
（2）本稿では売場面積がおおむね1万㎡以上である商業施設を「大規模商業施設」としたが、小規模でも横浜を象徴する一部の商業施設を含めている。
（3）主に地理院地図による年度別写真（1961～1969年）を参照した。
（4）2016年現在、市域に占める森林や農地などの緑地面積の割合は16・2％に過ぎない。保全のための制度も設けられているため、地方都市でみられるような農地への大型商業施設の出店はほとんど見込まれないといえる。
（5）1965（昭和40）年に飛鳥田一雄市長（当時）が市民に向けて提案を行った都市構想において中核となる事業群であり、①都心地区整備計画、②富岡・金沢地先埋立計画、③ニュータウン計画（港北ニュータウン）、④都市高速度鉄道計画（地下鉄建設）、⑤都市高速道路網計画、⑥ベイブリッジ計画の6つを指す。
（6）辻　清明（1963）「市政と科学的調査」調査季報（横浜市）1、2―4頁。

特番◈神奈川県 横浜市 Ⅱ

職住からみる横浜みなとみらい21

◆横浜の人口成長

横浜市の近代的な都市発展は、19世紀の居留地建設によってはじまった。20世紀に入ってからは京浜工業地帯の一角として重化学工業が成長し、1942年には人口100万人を突破した。太平洋戦争の影響によって1945年には約62万人にまで減少するものの、戦後の復興の過程で工業化が進められ、1951年には再び100万人を超えるに至った。

この頃までの横浜市の人口成長は、工業化による部分が大きかったと考えられる。しかし、高度経済成長期に入ると、東京のベッドタウンとしての人口成長も進むようになった。1968年には人口200万人、1986年には300万人を超え、今や約370万人を有する自治体である。こうした人口成長に対しては、横浜市の北部・西部・南部の丘陵地に開発された多数の住宅団地が果たしてきた役割が大きいと考えられる。これらの住宅団地の居住者は、横浜市内の工業従事者というよりは、東京などへの通勤者という性格が強い。

ベッドタウン的な成長は、横浜市の人口増加に寄与した一方で、自立的な都市発展を阻害する面も持ちあわせている。県庁所在都市であり日本最大の人口を有する自治体でもある横浜市にとって、東京の付属物ではない自立的な都市としての発展は長年の課題であった。以下では、ベッドタウンとしての横浜市のこれまでの姿を振り返るとともに、横浜市の自立性の強化を目的に開発されてきたみなとみらい21の展開について紹介する。

◆みなとみらい21の開発

図1は、横浜市の昼夜間人口の推移を示したものである。先に述べたようなベッドタウン化の進展により、横浜市では昼間人口よりも夜間人口の増加が先行した。この結果、１９５５年には約１００であった昼夜間人口比率が、１９９０年には90を下回るまでに低下した。１９９０年の夜間人口は３２０万人を超えており、東京特別区を除けばすでに日本最大の人口規模であった。このような巨大都市であるにもかかわらず昼夜間人口比率が１００を大幅に下回る状況は、横浜市にとっては克服すべき問題であった。

こうした問題意識は、すでに高度経済成長期から存在していた。首都圏における都心機能や交通網の東京への過度な集中を是正するため、横浜市では１９６５年に六大事業（都心部強化、港北ニュータウン建設、金沢地先埋立、高速鉄道（地下鉄）建設、高速道路網建設、横浜港ベイブリッジ建設）を発表した。このなかの都心部強化事業とは、横浜駅と関内《かんない》という２つの都心が、造船所や高島ふ頭などの生産・物流機能によって分断され

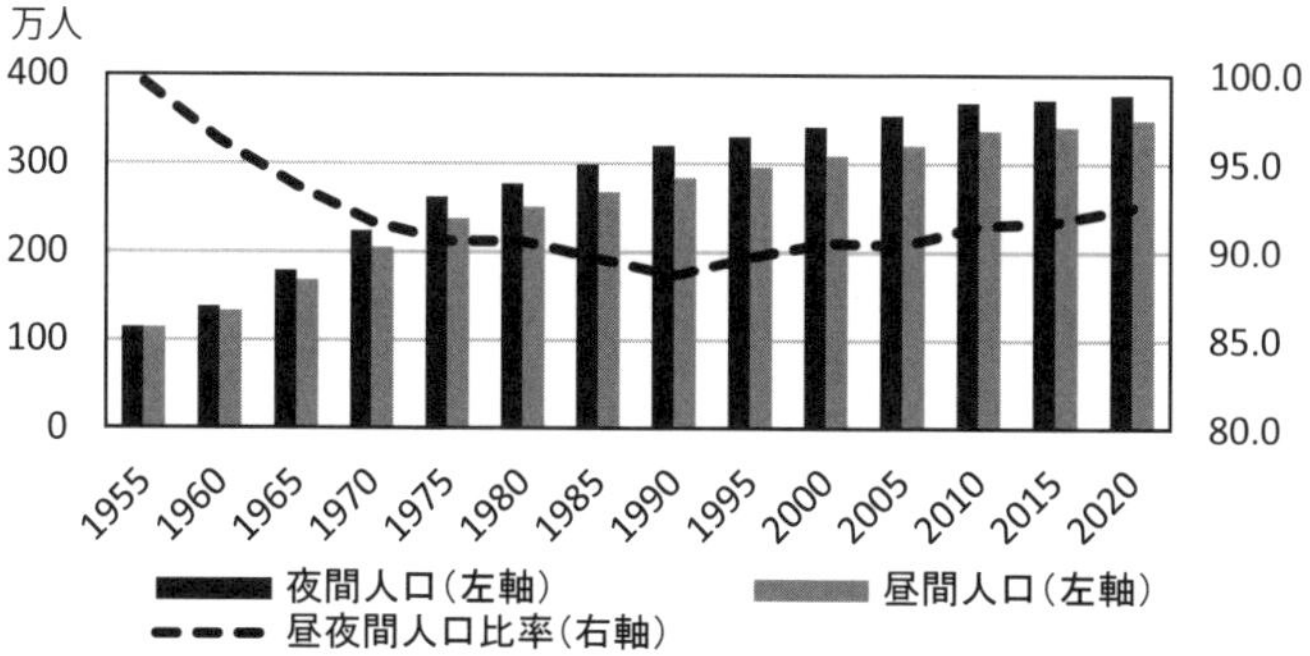

図１　横浜市の昼夜間人口の推移
国勢調査により作成.

ていたことから、この地区を開発することによって都心の一体化を図ろうとしたものである。[1] この再開発地区が後に「みなとみらい21」と呼ばれることになる。その後、1986年に策定された第4次首都圏整備計画において、横浜が業務核都市に選定されたことにより、東京からの業務機能の受け入れを進めていく体制が整えられていった。

東京都心の多くが、オフィス機能に特化した画一的な業務地区であったのに対し、みなとみらい21では、多様な魅力や機能をもった新たな都心像を目指すこととした。[2] すなわち、業務機能に加えて住機能も配置し、職住近接の都心空間を目指したのである。具体的には、就業人口19万人に加え、居住人口1万人からなる新都市の形成を目標としたのである。みなとみらい21では、1988年に、地権者と一般社団法人横浜みなとみらい21によって「みなとみらい21街づくり基本協定」が締結されている。この協定では、居住人口1万人の確保と居住者の生活環境の保護のため、住宅建築許容街区が設定されている（図2）。これにより、業務施設

図２　住宅建築許容街区

太線の内側はみなとみらい 21 地区中央エリアの範囲.「みなとみらい 21 街づくり基本協定」文献 5）により作成.

や商業施設と居住地区は明確に区別されることになった。

こうしてみなとみらい21開発の準備は整っていったものの、ちょうど同時期にバブル経済が崩壊したため、開発は予定通りには進まなかった。ランドマークタワー、クイーンズスクエア横浜、パシフィコ横浜（ヨコハマグランドインターコンチネンタルホテル）、三菱重工横浜ビルなどの立地する南側を除き、中央から北側の区画はながらく空き地（売却予定地）のままであった（写真1）。

こうしたなか、2000年代半ば頃から住宅建築許容街区（図2）においてタワーマンションの建設が進むようになった。住宅建築許容街区の大部分の高さ制限は、当初は31mとされていたが、後に大幅に緩和され、100mまでの建築物が可能になった。その結果、上限の100mで高さの揃った景観が形成された（写真2）。こうして、みなとみらい21地区においては2005年から2010年にかけて、夜間人口が大幅に増加した（図3）。これに対し、同期間における進出企業数や就業者数の伸びは、夜間人口ほど大きなものではなかった。つまり、2010年頃までのみなとみらい21では、業務機能よりも住機能の充実が顕著であったといえる。

もちろん、みなとみらい21地区においてオフィスビルの立地が進まなかったわけではない。横浜市では、2004年に企業立地促進条例を制定し、オフィスビル等を設置する企業や賃貸オフィスビルにテナントとして入居する企業に対し、減税措置

写真1　みなとみらい 21 における売却予定地（2006 年）
背後に見えるビルは，クイーンズスクエア横浜とパシフィコ横浜（ヨコハマグランドインターコンチネンタルホテル）．2006 年 11 月稲垣撮影．

や助成金交付を行うなどしてきた[3]。これにより、進出企業数や就業者数も着実に増加している（図3）。

高さ制限の緩和も、オフィスビルの立地に影響を及ぼしてきたと考えられる。「みなとみらい21街づくり基本協定」が締結された1988年時点では、ランドマークタワーなどの立地する超高層誘導地区を除けば、最も高い建築物が認められている西側部分（首都高速横羽線沿い）でも100m制限であった。その後の改定により、現在では180mにまで緩和されている。

以上のように、みなとみらい21では、住機能（タワーマンション）と業務機能（オフィスビル）の整備がようやく進み、職住近

写真2　みなとみらい21の遠景

横浜ベイブリッジスカイウォークより．最高層のビルがランドマークタワー．その右側にクイーンズスクエア横浜と，パシフィコ横浜の一部であるヨコハマグランドインターコンチネンタルホテル（ヨットの帆のような外観のビル）がみえる．さらにその右側には，ほぼ100mの高さに揃ったタワーマンション群がみえる。ちなみに，ランドマークタワーの左側には富士山がうっすらとみえる。2023年1月稲垣撮影.

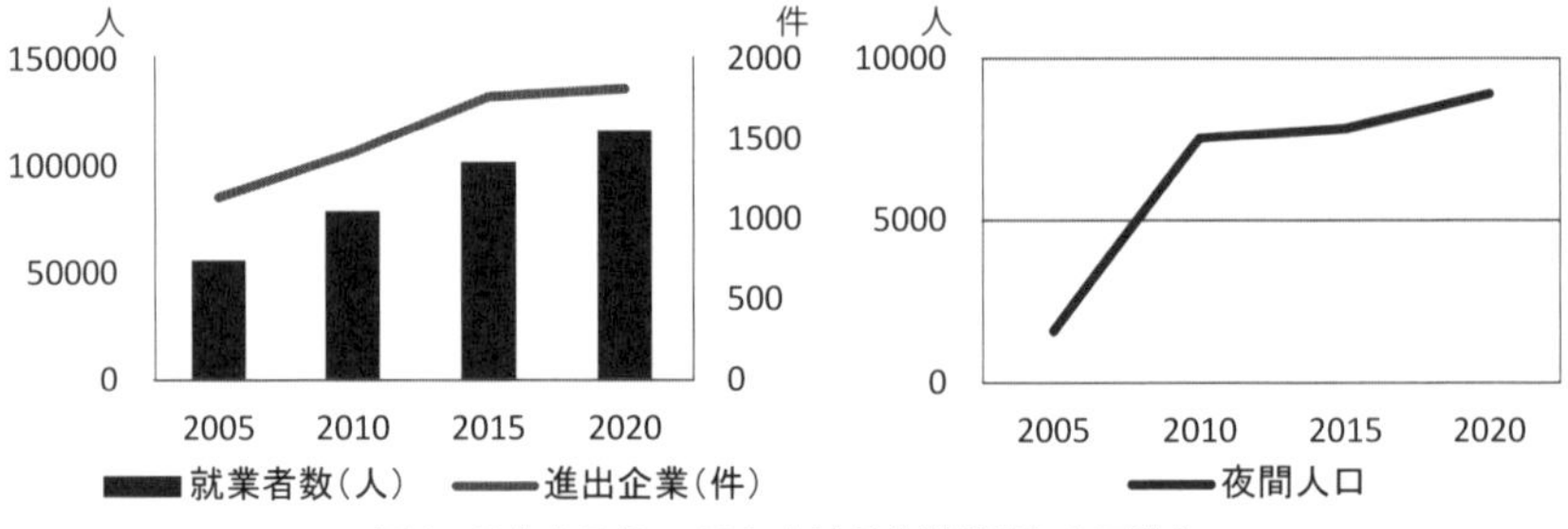

図3　みなとみらい21における企業進出と人口動向

就業者数と進出企業は『みなとみらい21インフォメーション』，人口は国勢調査により作成.

接の都市空間を形成するための条件がそろったように思える。次に、職住近接の観点からみなとみらい21の現状をみていきたい。

◆通勤流動の変化

横浜市をはじめとする業務核都市には、過密化の進む東京の業務機能の受け皿としての役割とともに、職住近接型の都市空間の実現も期待された。横浜市によって２００６年に発表された「横浜業務核都市基本構想」[4]においても、業務核都市整備の基本的方向として、「業務機能の集積に対応した住宅を整備し、職住近接型のバランスある多心型都市構造の形成を図る」ことが示されている。業務核都市の中核であるみなとみらい21地区では、このことを視野に入れた開発がなされてきた。

しかし、現実には、職住近接とはいいがたい状況にある。図４は、東京特別区への通勤率を横浜市の行政区別に示したものである。東京特別区に近く東京方面へのアクセスに優れた北部の行政区（青葉区、港北区、鶴見区）において東京特別区への通勤率が高いのは当然といえるが、みなとみらい21が位置する西区においても東京特別区への通勤率が30％を上回っている。

次に、小地域集計を利用して、この点について詳しく検討する。ここでは、みなとみらい21においてタワーマンションの立地する横浜市西区みなとみらい３～６

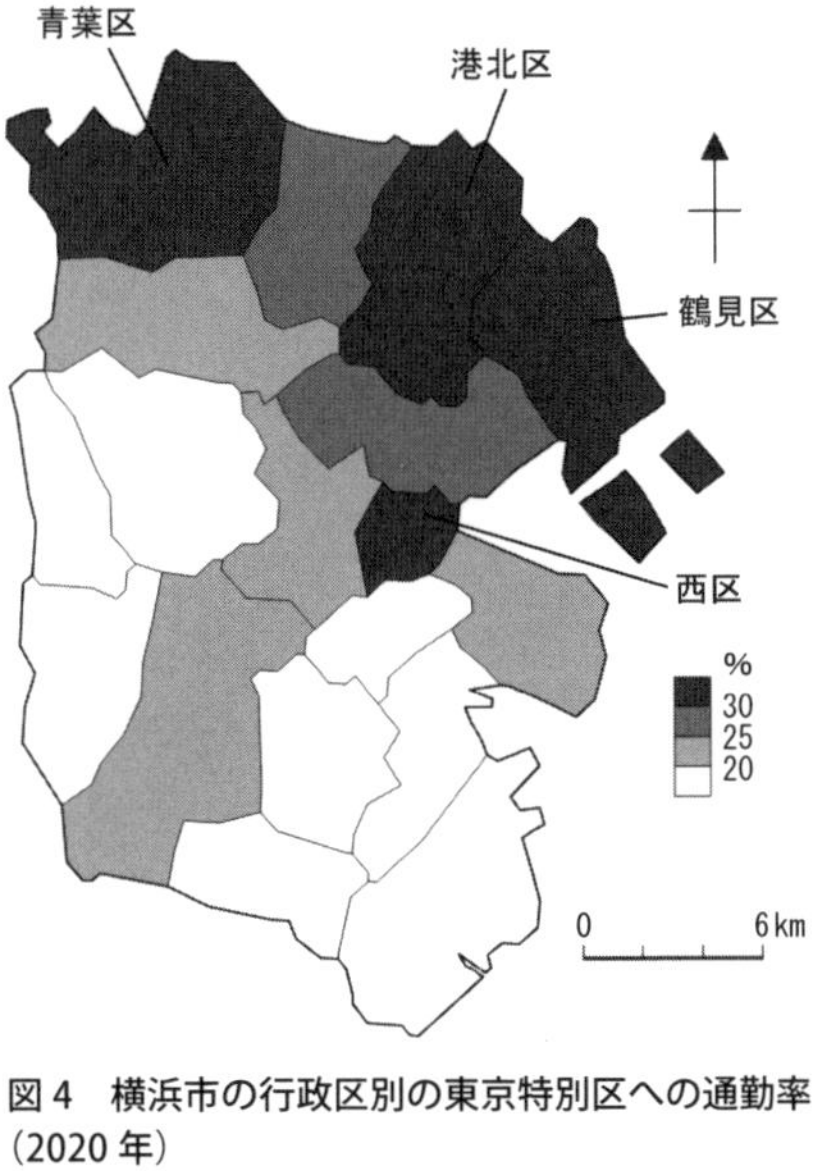

図４　横浜市の行政区別の東京特別区への通勤率（2020 年）

国勢調査により作成.

丁目を取り上げる。このうち、みなとみらい4丁目と5丁目は、２０００年代半ば頃からタワーマンションが立地しはじめた地区に相当する。3丁目と6丁目は、２０１０年代に入ってから立地がみられるようになった地区であるため、２０１０年の国勢調査からはデータが得られない。

表1は、上記の地区の居住者における通勤先構成を示したものである。いずれの地区も、タワーマンション以外の居住施設は存在しないと考えられるため、表に示される数値はそれぞれの地区のタワーマンション居住者の通勤行動を反映しているとみなすことができる。データの制約上、神奈川県外の通勤先は「他県で従業」としてまとめているが、その大半は東京都と考えられるので、以下では、他県で従業（他県への通勤）＝東京都への通勤とみなす。

まず２０１０年の数値をみると、「他県で従業」の割合が4丁目49・8％、5丁目44・5％と高い。西区全体における２０１０年の「他県で従業」の割合が29・2％であることからも、これらの地区における他県（東京）への通勤者割合はきわめて高いといえる。自立的な都市発展、職住近接の都市空間を目指したはずのみなとみらい21地区であるが、居住者の通勤行動を見る限り、その目標と相反する

表1　みなとみらい21地区居住者における通勤先の変化

2010年

地区	タワーマンションの立地時期	常住就業者数	自宅で従業	西区で従業（自宅除く）	神奈川県内（西区除く）	他県で従業
4丁目	2010年以前から	2,651	4.1	13.0	33.0	49.8
5丁目		934	3.7	19.3	32.4	44.5
3丁目	2010年以後	—	—	—	—	—
6丁目		—	—	—	—	—

2020年

地区	タワーマンションの立地時期	常住就業者数	自宅で従業	西区で従業（自宅除く）	神奈川県内（西区除く）	他県で従業
4丁目	2010年以前から	2,512	13.4	16.3	29.1	41.2
5丁目		1,009	12.0	22.5	28.4	37.1
3丁目	2010年以後	195	18.5	18.5	34.4	28.7
6丁目		260	13.8	18.5	34.6	33.1

注：常住就業者数の単位は「人」，その他は「％」．常住就業者数には就業地不詳は含まない．
国勢調査により作成．

ものになっている。

しかし、２０２０年をみると、「他県で従業」の割合は4丁目、５丁目いずれにおいても低下し、代わって「西区で従業（自宅除く）」の割合が高まっている。また、２０１０年以降にタワーマンションが立地した3丁目や6丁目は、当初（２０２０年）から「他県で従業」の割合がそれぞれ28・7%、33・1%と低いのが特徴である。先にみたように、みなとみらい21地区におけるオフィス立地が着実に進んできた（図3）ことと関係しているのかもしれない。つまり、オフィスが増加してきた２０１０年代以降に入居してきた3丁目や6丁目の居住者には、みなとみらい21での従業を前提にタワーマンションを購入した人が多いとも解釈できる。全体としては他県（東京）への通勤流出傾向には変わりないものの、みなとみらい21地区におけるオフィス立地により、徐々にではあるが職住近接の方向に向かっているとの見方もできよう。

一方で、こうした他県（東京）への通勤流出が緩和してきたという見方が妥当かどうかは慎重に検討する必要もある。それは、２０２０年に「自宅で従業」の割合が高まっていることにある。時期的に考えて、コロナ禍におけるリモートワークの影響が考えられる。つまり、普段は他県（東京）や県内へ通勤していた人々が、一時的なリモートワークへの切り替えによってちょうど２０２０年の国勢調査時点（２０２０年10月）に自宅従業者であっただけなのかもしれない。これらの人々は、コロナの収束にともなって再び通勤者となっている可能性がある。残念ながらこれについては検証不可能であり、次回（２０２５年）の国勢調査の結果を待つしかない。

◆東京の郊外？　それとも自立的な都市成長？

横浜市は、戦前の6大都市、戦後の政令指定都市のいずれにも相当する巨大都市でありながら、東京大都市圏の郊外都市として位置付けられてきた。それゆえ、都市の階層性においては、人口規模で横浜市を大きく下回る札幌市、仙台市、名古屋市、大阪市、広島市、福岡市などよりも下位に位置付けられてきた。
みなとみらい21は、そうした状況を克服する試みであったが、実際には、同地区のタワーマンション居住者の多くが、みなとみらい21地区で就業する人々ではなく、東京への長距離通勤者であった。２００４年に東急東横線との相互直通運転によって開通した「みなとみらい線（横浜高速鉄道）」は、みなとみらい21地区の居住者が東京方面へ通勤することを容易にしたといってよい。
一方で、近年になってようやく進んできたオフィス立地は、みなとみらい21地区における職住近接の実現可能性を秘めたものでもある。また、本稿では触れてこなかったが、現在整備が進められている新本牧ふ頭が完成すれば、横浜港が国際的な物流拠点としての地位をさらに高めるものと思われる。東京の郊外という性格にとどまるのか、それとも自立的な成長へと向かっていくのか、横浜市の未来のかかった様々な動向には今後も注目していく必要がある。

（稲垣　稜）

［注］
（１）佐藤英人（２０１６）『東京大都市圏郊外の変化とオフィス立地―オフィス移転からみた業務核都市のすがた』古今書院。
（２）白井正和（２０１９）「みなとみらい21地区における住宅」ANUHT 新住宅ハウジングニュース93。
（３）坪本裕之（２０２０）「横浜みなとみらい21地区における２０００年以降のオフィス立地」理論地理学ノート22、１５９―１６６頁。
（４）横浜市（２００６）『横浜業務核都市基本構想』。
（５）一般社団法人横浜みなとみらい21（２０１９）「みなとみらい21街づくり基本協定」（第10回改定版）。

特番◈神奈川県 横浜市 Ⅲ

多摩田園都市と持続可能なまちづくり

◆日本一嫌いな都市「ヨコハマ」

筆者は横浜が嫌いである。それは筆者が横浜に抱いている「おしゃれ」「高所得者」というイメージに対するあこがれや僻《ひが》みからであろう。

筆者に限らず、「ヨコハマ」という響きに対し高級感や洗練されたイメージを抱く読者も多いのではないだろうか。それは開国以来、横浜が築き上げてきた「舶来文化に根差した異国情緒あふれる文化的な都市」が根底にあると思われる。その結果、横浜は関東において人気の居住地に君臨し続けてきた。毎年、大手不動産情報サイトの「SUUMO」が「住みたい街ランキング[1]」というものを発表している。今年も２月に発表されたわけだが、首都圏において横浜（駅）が２０１８年より6年連続の1位に輝いている。また、ブランド総合研究所が行っている「市区町村魅力度ランキング２０２２」においても、横浜は4位である。

◆横浜の居住地域構造

高度経済成長期までの横浜の市街地は海に沿うように分布し、内陸の丘陵地帯は、広く雑木林や田畑が

広がる農村地帯であった。図１は横浜市にお
ける人口の推移を、戦前から市街地が多かっ
た都心４区（神奈川区、西区、中区、南区）
と鶴見《つるみ》区の５区、市街地が少なかった13区に
分けて示したものである。前者は１９５０年
から２０２０年までの人口増加率が68％だっ
たのに対し、後者は６８２％である。今日、
横浜は人口約３８０万人を擁する日本第二の

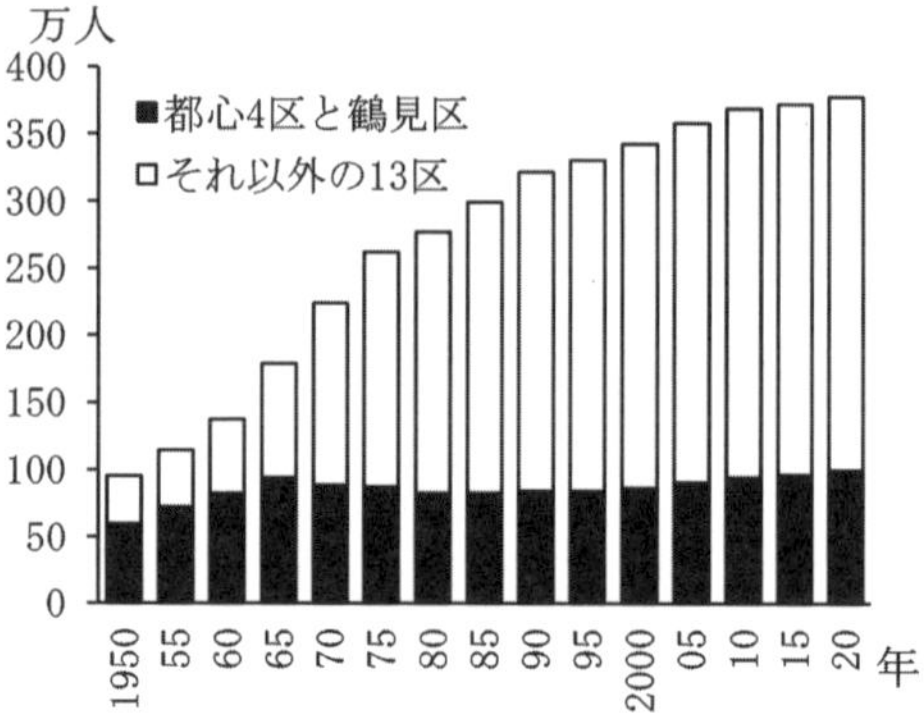

図１　地域別にみた横浜市の人口の推移
国勢調査により作成.

写真１　港北ニュータウンからの遠望
港北ニュータウンは，1960 年代に横浜市が発表した「横浜市六大事業」の一つに数えられる．現在の都筑区一帯を対象に日本住宅公団と土地区画整理事業によって 1974 年から 2005 年まで開発が行われた．歩車分離の徹底や電柱の地中化などの住環境や街並みに配慮がみられる．台地上に開発されたため，住宅地内は起伏に富んでいる．また，ところどころに雑木林なども残り，往時の姿をしのばせる．2022 年 9 月西山撮影.

大都市である。その人口の大多数を抱えるのは、横浜西部に広がる台地・丘陵地帯である（写真1）。これらの地域がどのような経緯と変遷によって市街地化していったかを知らずして、日本第二の大都市・横浜は語れない。

さて、横浜の都市構造を概観したい。横浜は、明治期に国際貿易港として発達した「都心」と、大正・昭和初期に発達した重化学工業によって形成された住宅などが混在した「インナーシティ」、そして戦後、内陸や南部の丘陵地帯に形成された「郊外」の３層に大別される。[2] そのなかでも郊外は面的にかなりの広がりをもっている。図２は横浜の昼夜間人口比率を示したものである。西区と中区以外は、昼夜間人口比率が１００を切っていることからも、それ以外の地域はベッドタウン的要素が強い傾向にある。しかしながら、２０２０年の各区通勤者の従業地をみると、市内や周辺自治体での就業が相対的に高い南部や南西部と、東京23区が高い北部に大別することができる（青葉区が最も高い）。つまり、南部や南西部は横浜のベッドタウン、北部は東京のベッドタウンであるといえる。

次に、居住者の社会属性から横浜の居住地域構造をあぶり出す。男性の大学・大学院卒の割合とホワイトカラー率[3]を一都三県で見た場合、横浜は両者とも相対的にその割合が高いが、そのなかでも北西端に位置する青葉区の高さが際立っている。なお、青葉区は大学・大学院卒の割合がさいたま市浦和区に次いで高い。また年収１０００万円以上の世帯割合（２０１８年住宅土地統計調査）においても、一都三県の市区町村のなかで5番目に高い。

以下では、横浜でも特異な青葉区、さらにはその中心的地域

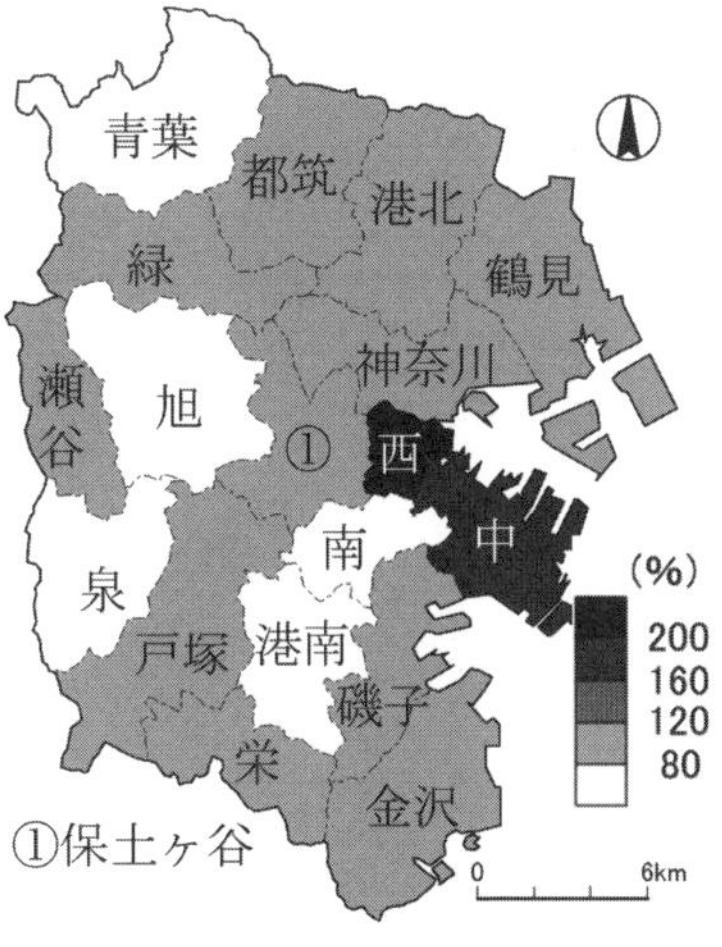

図２　横浜における昼夜間人口比率
国勢調査により作成.

である東急田園都市線たまプラーザ駅周辺に絞り、当地域の特徴や都市開発の軌跡を紹介する。

◆大都市郊外における住宅地開発の略歴

東京の郊外開発が活発になるのは、関東大震災（１９２３年）以後と言われている。東京における郊外開発の嚆矢は、渋沢栄一《しぶさわえいいち》によって１９１８年に設立された田園都市株式会社（後の東急）による洗足《せんぞく》田園都市（１９２２年分譲開始）や多摩川台（田園調布、１９２３年分譲開始）である。これらの住宅地は、イギリスの都市計画家・社会改良家であるエベネザー・ハワードが19世紀に提唱した「田園都市」がモデルとなっている。

横浜を含めた内陸部台地・丘陵地帯の開発とそれに伴う人口増加が本格的にはじまるのは、１９６０年以降のことである。その原動力は１９５０年代後半から急速に進んだ東京への人口流入であった。そして人口の受け皿となったのが東京周辺の台地や丘陵地帯であった。その代表例が当時の日本住宅公団などの公的主体が開発した多摩ニュータウン（２９８４ha）や港北《こうほく》ニュータウン（１３４１ha）、千葉ニュータウン（１９３３ha）である。民間も１９６０年中頃から私鉄系や不動産業に限らず、銀行や保険会社、旧財閥、製造業など多種多様な業種がその資金力と知名度を背景に、住宅地開発に参入していった(4)。そのなかでも東急は、横浜の青葉区を中心に、田園都市線の敷設と過去例に見ない規模の沿線開発を行った。その開発が「多摩田園都市」である。

◆多摩田園都市の開発

そもそも多摩田園都市とは、東急の育ての親でもある五島慶太《ごとうけいた》が1953年に発表した「城西南地区開発趣意書」に基づく住宅地開発構想である。単体の民間事業者が主体となって行う開発としては国内最大規模（開発計画面積5000ha、居住人口約60万人）で、神奈川県川崎市、横浜市、東京都町田市、神奈川県大和《やまと》市の4市にまたがる（図3）。これらの鉄道空白地帯に、東京とを結ぶ鉄道を敷設し、沿線において独占的な住宅地開発を進めようとするものであった。その結果、二子《ふたこ》玉川《たまがわ》駅より南側は、まるで東急の企業城下町のようである。各駅には必ずと言ってよいほど、東急ストアが併設されている。駅のバスターミナルに発着するのは、シルバーのボディに赤いラインが入った東急バスである。また、駅前には東急系列の不動産仲介業者のビルや店舗が立地している。さらに、東急不動産が「ブランズ」や「ドレッセ」などのブランドで建設・分譲したマンションが多く目につく。そのほか、ケーブルテレビや電力供給、ホームセキュリティといった日々の生活から、総合病院（東急病院）、幼稚園から大学（東京都市大学）までの教育、高齢者施設、葬儀など、人の人生において必要なあらゆるサービスが東急によって提供されている。まさに「ゆりかごから墓場まで」である。

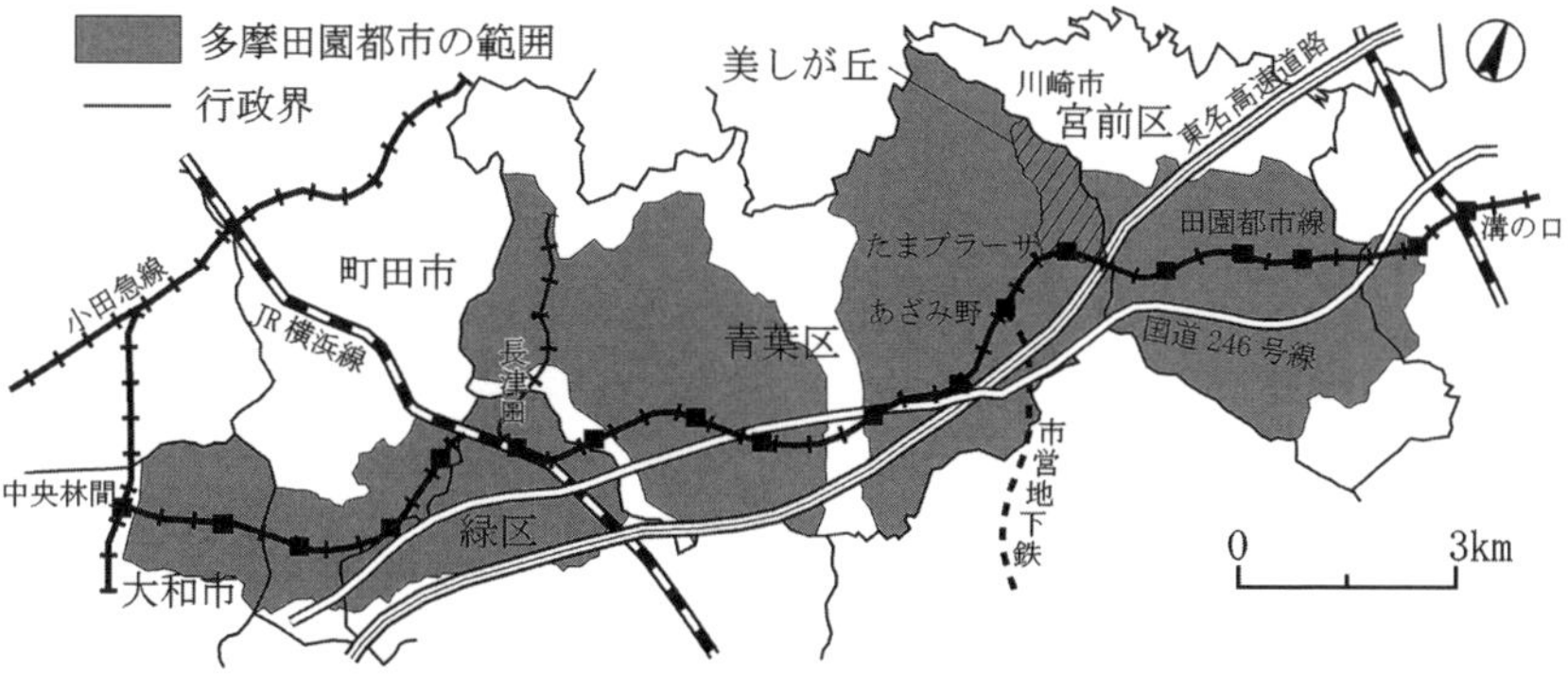

図 3　多摩田園都市の範囲
東京急行電鉄株式会社・株式会社宣伝会議（2018）などにより作成.

この住宅地開発の特徴の一つ目は、その連坦性にある。私鉄系ディベロッパーが自社沿線に住宅地を開発するケースは少なくないが、飛び地的に開発することがほとんどである。それを可能にしたのが第二の特徴である土地区画整理事業の採用であった。通常の住宅地開発の場合、開発を行うディベロッパーが自己資金で土地を購入し、造成・販売する。一方、土地区画整理事業は、開発範囲の地権者が土地区画整理組合を結成し、共同で開発を行う。そのため開発資金や公共用地は、地権者が一定割合の土地を提供することで生み出される。

東急は１９５３年の構想発表以降、現在の東急田園都市線沿線[5]の土地を農家などから少しずつ買い取っていた。また、多くの農家は開発にかかわる費用を準備できない場合が多く、保留地（開発資金を捻出す

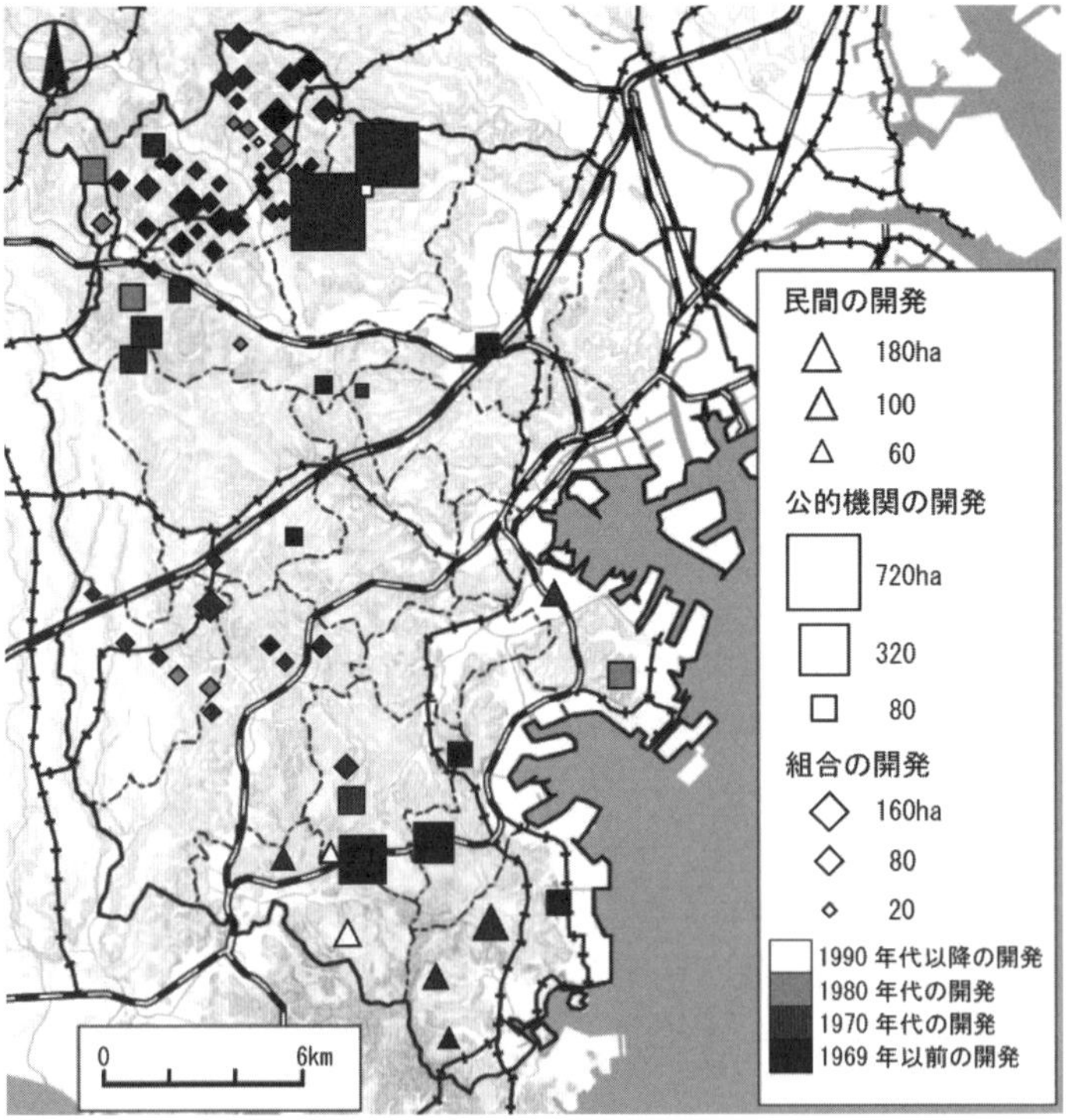

図４　横浜市のニュータウンの分布

ニュータウンの開発主体や開発規模をみると，横浜の中でも地域差がみられる．その中でも田園都市線沿線は，都筑区の港北ニュータウンに比べると小規模ではあるが，土地区画整理事業（組合）による開発がかなり多いことがこの地図からも読み取れる．国土数値情報により作成．

るために地権者から提供された土地）を東急に買い取ってもらい、それを開発資金に充てた。こうした開発手法を一括代行方式という。住宅地開発のノウハウや資金に乏しい農家にとっては手間がかからない。一方で、東急側にとっては、①規模の拡大が図れる、②一定割合の土地買収で開発が可能であり、買収地も散在した状態でよい、③開発に伴う公共負担は地権者全員が負う、④公共施設の改廃、新設、引き継ぎなどの手続きが簡素化される、⑤事業における反対者に対し強制力を持つ、といったメリットがある[4]。以上のような方式を用いて、東急は開発構想エリア内において、事業計画がまとまった地区から順次土地区画整理事業を実施していった。この結果、青葉区では16 ha以上のニュータウンが突出して多い（図４）。また、それらの大半は多摩田園都市に関連した開発である。青葉区にとって東急の存在がいかに大きいかがわかる。

◆たまプラーザ駅周辺の市街地整備

東京方面から向かうと、たまプラーザ駅は東急田園都市線が横浜に入って最初の駅となる（写真２）。五島慶太の子で、当時の東急電鉄社長であった五島昇《のぼる》によって名付けられ、１９６６年の田園都市線の開通と同時に開業した。「プラーザ」とはスペイン語で「広場」を指す。なお、当地域は「元石川第一地区土地区画整理事業」（事業期間１９６３―１９６９年）として整備され、現在は美《うつく》しが丘《おか》１～３丁目（以下、美しが丘）で構成されている（図５）。

写真２　たまプラーザ駅
2009 年に建て替えられた新駅舎は，吹き抜け構造になっており，規模やデザイン性の高さから，田園都市線の他の駅とは様相を異にする．電車から降りた瞬間から，東急の当駅への思いが伝わってくる．2023 年 2 月西山撮影．

美しが丘は、社長自ら最寄り駅の名称を付けたことからも、東急が特に力を入れて整備した地域であることがわかる。それは当地区の施設や街路にも表れている。駅から東急百貨店を抜け、遊歩道を北側に歩いていくと、日本住宅公団が開発・分譲した5階建てのたまプラーザ団地（１９６８年竣工、１２５４戸）がみえてくる（写真３）。さらにその先には、主に東急が中心になって分譲した美しが丘住宅地（美しが丘2・3丁目、街区面積約24・5ha、４８５区画）がある。この住宅地の特徴は、「第二の田園調布」を体現すべく、区画規模が５００〜６００㎡とかなり広くなっている点にある。また歩車分離をはかるラドバーン方式や地形に合わせたU字やT字の街路、クルドサック（袋小路）など、計画的ながらも複雑な街路形態が美しい。さらに、日本ではじめて住民発意の建築協定が発足した地区としても有名で、住民の住環境に対する意識や地域への愛着が強い。一部では敷地が細分化されたとみられる区画も存在するが、概して瀟洒な豪邸が建ち並ぶ高級住宅地の風格が漂う（写真４）。

◆多摩田園都市における持続可能なまちづくり

多摩田園都市も開発から50年以上が経過し、人やまち全体に老いが顕在化しつつある。

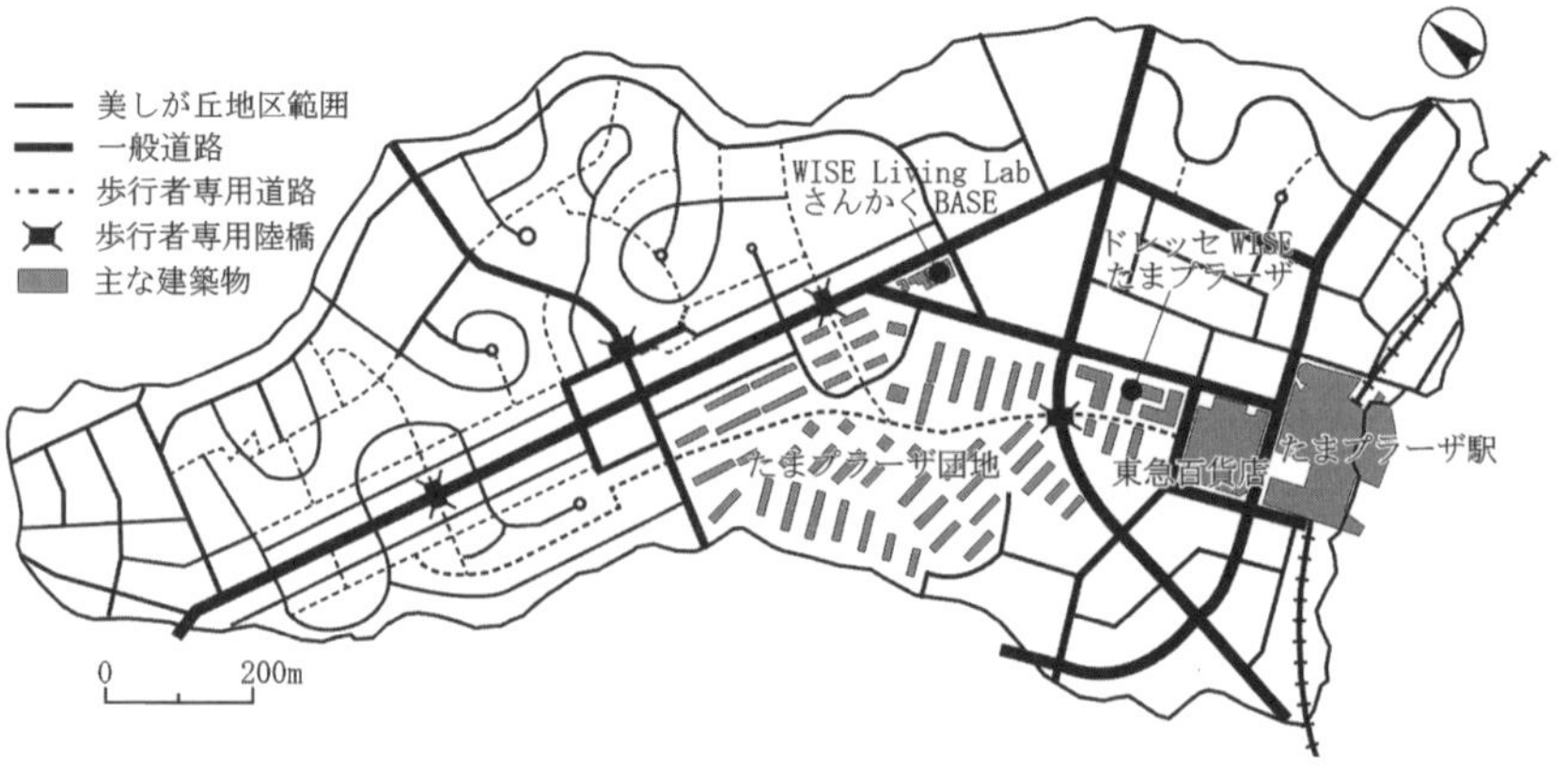

図５　美しが丘の街路と主要施設
東京急行電鉄株式会社・株式会社宣伝会議（2018）などにより作成.

こうした問題意識の下、２０１２年から東急が新たな事業を展開している。その第一弾が、横浜市と東急が連携した公民連携の郊外住宅地再生事業「次世代郊外まちづくり」[6]である。この事業を推進するにあたり、横浜市と東急との間で包括協定が締結され、そのモデル地区として美しが丘が選定された。この事業は、第一段階として横浜市、東急、大学（学識経験者）、住民の産学公民による勉強会やワークショップが行われ、当地区の将来像について議論を重ねた結果、「WISE CITY」[7]という考え方を提示するに至った。第二弾に、地域住民と連携した「住民創発プロジェクト」を立ち上げた。これは「自分の知識や経験、技能を活かして地域貢献やコミュニティビジネスをしてみたい」という地域の個人や団体のアイデアを公募し、事業費等を支援する試みである。

そして第三弾は、上記の事業で生まれた理念やアイディアを実行・定着させていくための機能の付与であった。その根底になるのが「コミュニティ・リビング」という考え方である。コミュニティ・リビングとは、駅を中心とした３００～４００ｍ圏に、買い物や子育て、コミュニティ活動、コミュニティビジネスを行える機能を、既存施設から転用することによって創出しようとするものである。その事業のひとつが、たまプラーザ駅から北西に３００ｍほどの場所にある「ドレッセ WISE たまプラーザ」とい

写真４　美しが丘の戸建て住宅地
住宅地内にはクルドサックの街路がいくつかみられる．幹線道路沿い以外は敷地規模が広い低層の住宅が並ぶ．2023 年 2 月西山撮影．

写真３　公団たまプラーザ団地
団地の中心には遊歩道が設置され，たまプラーザ駅前を除き，自動車と交錯することなく行き来できる．この団地は居室が 50 ～ 60㎡台と比較的狭く，建築から 50 年以上経過するが，3000 万円台から 5000 万円台で取引されており，若い世代の流入もみられる．2023 年 2 月西山撮影．

う住居併用の複合施設の建設である（写真５）。当施設は、１階・２階に保育施設やコワーキングスペース、コミュニティカフェ等を併設することによって、共同事業やコミュニティ活動などのまちづくり活動の拠点となることを意図している。こうした地域の問題解決型施設の併設によって、横浜市から地区計画による容積率や高さ、用途の規制緩和を受けることができた。また本施設とは別に、上記のWISE CITYを体現する場として「WISE Living Lab」なども東急の所有地に建設した（写真６）。

横浜市との協定に基づく「次世代郊外まちづくり」は開始から10年が経過し、新たな地域社会の担い手が育ち、その成果が現れている。東急ではこれにつながる取り組みとして、２０２２年から生活者起点のまちづくり「nexus構想」を始動させた。その事業の一環としてあざみ野駅から西に３㎞ほどの距離にある市街化調整区域内に「nexusチャレンジパーク早野」を開設した（写真７）。ここは「食と農」「資源

写真５　ドレッセWISEたまプラーザ
2023年２月西山撮影.

写真６　WISE Living Labの概観
2023年２月西山撮影.

写真７　nexusチャレンジパーク早野
川崎市麻生区の施設であるが，周辺にはURの虹ヶ丘団地（川崎市麻生区）やすすき野団地（青葉区）が立地する．取材当日は，地元の小学生がイベントに利用する椅子をスタッフ（東急の社員）とともに制作していた．市街化調整区域のためトレーラーハウスが設置されている．2023年２月西山撮影.

循環」などをテーマにしており、コミュニティ農園や焚火スペースが設置され、移動販売マルシェなど地域住民発意のイベントを行えるスペースとなっている。この施設も同事業に共感した行政や大学、企業が連携しているが、住民主体のまちづくりを支援する取り組みとして今後の発展が期待される。

◆多摩田園都市から考えるこれからのまちづくり

当地区は、東急主導のもと、現在でも一定のブランド価値を保っている。その証《あかし》として、ファミリー向け分譲マンションの販売価格は1戸あたり1億円前後と高額である。東急は、創始者の一人である渋沢栄一が追い求めた質の高い住環境を提供してきた。その結果として、東急沿線は学歴や所得など、社会的ステータスが高い層が多く暮らす地域となった。しかしながら、時代や世代が変化すると、当地区に抱く住民の意識や質にも変化が生じてくる。そうしたなかで、東急は人づくりに着目し、当地域の発展に資する人材の発掘や育成をはじめている。「まちづくりは人づくり」とよく言われるが、一企業がそれを戦略的かつ沿線規模で行おうとしていることに驚きを禁じ得ない。

田園調布の販売開始から２０２３年で１００年である。多くの都市では、新たな市街地開発が沈静化し、既存の都市をどう造りかえていくかというステージに入っている。多摩田園都市での取り組みは「優れた人材をいかに沿線で生み・育てられるかが持続可能な都市の発展の鍵になる」ということを明示している。人材育成には、多くの時間とコストが必要である。東急の試みは、現時点ではつぼみの状態かもしれない。しかし50年先、多摩田園都市が日本屈指のブランド地域として、大輪の花を咲かせる様を、ぜひ目の当たりにしたいものである。

（西山弘泰）

［注］

（１）本調査の詳細についてはSUUMOの公式ページ（https://suumo.jp/edit/sumi_machi/）を参照してほしい。

（２）岡田　直（２０１８）「ベッドタウンとしての横浜」年報首都圏史研究7、20―27頁。

（３）国勢調査による職業大分類における「管理的職業従事者」「専門的・技術的職業従事者」「事務従事者」を指す。

（４）松原　宏（１９８８）『不動産資本と都市開発』ミネルヴァ書房。

（５）現在の東急田園都市線は、渋谷駅から中央林間駅間を指すが、いくつかの変遷を経ている。まず、１９２７年に二子玉川駅～溝の口駅が溝の口線として開業し、１９６６年に構想に基づいて田園都市線と改名し長津田駅まで延伸された。その後、玉川線下の地下に建設された新玉川線への乗り入れが１９７７年になされた。さらに、１９８４年に中央林間駅までの延伸をもって、現在の田園都市線となっている。

（６）次世代郊外まちづくりの詳細に関しては、東京急行電鉄株式会社・株式会社宣伝会議（２０１８）『次世代郊外まちづくり～産学公民によるまちのデザイン』宣伝会議、を参照いただきたい。なお、当事業と同様に、２０１５年に川崎市と「東急沿線まちづくりに関する包括連携協定」を締結している。

（７）類似する概念として「スマートシティ」があげられるが、そうしたテクノロジーに力点が置かれたまちづくりではなく、あえて人の生活に焦点を当てた。WはWellnessやWalkable、Workable、IはIntelligence & ICT、SはSmartやSustainable & Safety、EはEcologyやEnergy & Economyを指す。

特番◈神奈川県 横浜市 Ⅳ

横浜のエスニック空間——多様な人による多様な都市空間

◆外国人データからみる日本の諸都市

関西出身の筆者が有する横浜のイメージは港町の開放的な印象であり、元町や山手に代表されるおしゃれな街であり、中華街のような特色のある場所であり、そしてドラマに登場するような閑静な郊外住宅地などである。その多様な印象の根底にあるのは、都市としての機能の多様性であり、生活する人の多様性であり、それによって形成される景観の多様性といえる。その多様性の要因の一つとして、多くの様々な国籍の外国人が生活していることが挙げられる。そこで本章では、様々な国籍の外国人によって形成されるエスニック空間の観点から横浜について考える。

まずは、外国人に関する横浜の絶対的・相対的な位置づけを確認する。表1は東京特別区部と政令指定都市（20都市）における外国人数と人口に占める外国人割合、外国人の上位5つの国籍を示している。当然ながら外国人数は東京特別区部（40・3万人）が最も多く、横浜（8・8万人）は大阪（12・2万人）に次いで3番目に多いが、総人口（377・7万人）が多いこともあり、外国人割合は2・3％とそれほど高くない。国籍別にみると、多くの都市と同様に横浜も中国人（3・6万人、41・3％）や韓国・朝鮮人（1・2万人、13・2％）が多く、割合が高い。以下、フィリピン人（7・0千人、8・0％）、ベトナム人（6・

7千人、7・6%)、ネパール人(3・3千人、3・7%)と続き、その構成は他都市とそれほど大差はない。ただし、横浜の外国人の特色はそれ以外の国籍にもあり、その点の多様性が横浜の外国人の特色と考えられる。

◆外国人は横浜のどこにいるのか

　では、各国の外国人は横浜のどこに居住しているのであろうか。表2は各区の外国人総数とそれぞれの区の外国人に占める国籍別割合を表している。横浜全体では168の国・地域出身の外国人が10万6853人居住している。なお、表1の値(8万8067人)とは異なる点に注意が必要である[1]。

　区ごとにみると、中区(16・2千人)や鶴見区(14・0千人)、南区(11・2千人)など都心部とその周辺で多

表1　日本の主な都市における外国人数・割合と上位5つの国籍

都市名	外国人数	外国人割合	各都市における外国人の上位5つの国籍				
			第1位	第2位	第3位	第4位	第5位
東京区部	403,171	4.1%	中[41.4]	韓朝[16.6]	フ[5.1]	ベ[4.9]	ネ[3.9]
大阪	121,586	4.4%	韓朝[44.7]	中[29.5]	ベ[11.2]	フ[2.9]	ネ[1.7]
横浜	88,067	2.3%	中[41.3]	韓朝[13.2]	フ[8.0]	ベ[7.6]	ネ[3.7]
名古屋	69,501	3.0%	中[29.8]	韓朝[19.3]	フ[11.1]	ベ[10.8]	ブ[6.3]
京都	39,386	2.7%	韓朝[43.1]	中[29.7]	ベ[6.1]	フ[2.6]	米[2.4]
川崎	38,482	2.5%	中[38.9]	韓朝[18.0]	フ[10.4]	ベ[7.5]	ネ[3.2]
神戸	33,009	2.2%	韓朝[38.4]	中[30.3]	ベ[11.0]	フ[2.9]	米[2.3]
福岡	31,904	2.0%	中[34.3]	韓朝[17.4]	ベ[15.8]	ネ[12.5]	フ[3.4]
千葉	23,142	2.4%	中[44.5]	韓朝[12.5]	フ[9.5]	ベ[8.1]	ネ[3.0]
さいたま	22,845	1.7%	中[41.2]	韓朝[12.2]	ベ[11.5]	フ[7.7]	ネ[2.9]
浜松	22,368	2.8%	ブ[38.7]	フ[15.7]	ベ[12.2]	中[10.1]	ペル[6.8]
広島	17,500	1.5%	中[27.4]	韓朝[25.5]	ベ[18.0]	フ[10.6]	ブ[2.6]
相模原	13,334	1.8%	中[23.2]	韓朝[9.0]	フ[8.1]	ベ[6.4]	米[2.0]
札幌	12,634	0.6%	中[36.2]	韓朝[18.7]	ベ[10.9]	米[4.1]	フ[3.5]
堺	12,486	1.5%	中[36.2]	韓朝[27.2]	ベ[16.0]	フ[5.8]	ブ[2.6]
岡山	11,844	1.6%	中[30.9]	ベ[26.0]	韓朝[17.9]	フ[4.9]	ブ[3.6]
仙台	11,507	1.0%	中[30.7]	韓朝[15.6]	ベ[14.3]	ネ[12.1]	フ[4.1]
北九州	10,815	1.2%	韓朝[31.3]	中[17.9]	ベ[11.5]	フ[3.7]	ネ[2.2]
静岡	9,764	1.4%	中[20.9]	ベ[14.0]	韓朝[12.8]	フ[12.7]	ネ[8.3]
熊本	5,421	0.7%	中[26.1]	ベ[17.0]	フ[8.6]	韓朝[7.0]	ネ[4.6]
新潟	4,672	0.6%	中[31.4]	韓朝[16.5]	ベ[14.8]	フ[7.1]	ネ[3.3]

注：[　] 内は各都市の外国人全体に対する割合(%)を表している．また，表中の国名は以下の通り．中：中国，韓朝：韓国・朝鮮，米：米国，フ：フィリピン，ブ：ブラジル，ベ：ベトナム，ペル：ペルー，ネ：ネパール．資料：国勢調査(2020年)より作成．

表 2　横浜の各区における国籍別外国人割合

区名	外国人総数（人）	各区の外国人に占める国籍別割合（%）																
		中国	韓国・朝鮮	ベトナム	フィリピン	ネパール	インド	台湾	ブラジル	米国	インドネシア	タイ	ペルー	ミャンマー	スリランカ	英国	ドイツ	その他
横浜市	106,853	**37.5**	**12.1**	9.2	8.2	4.8	3.3	2.7	2.5	2.4	1.9	1.7	1.2	1.1	1.0	0.8	0.7	9.5
鶴見	14,047	**35.1**	**10.1**	**11.1**	9.7	7.1	2.1	1.7	8.5	0.8	1.7	1.0	2.9	1.1	0.5	0.3	0.2	6.8
神奈川	7,794	**36.5**	**13.7**	7.9	6.0	**11.3**	2.2	2.8	1.1	2.3	1.9	1.2	0.4	1.3	1.0	0.9	0.6	9.8
西	5,044	**38.2**	**13.1**	6.7	3.9	**11.1**	1.9	3.1	0.8	3.8	1.1	1.5	0.5	1.1	1.0	1.1	1.0	11.0
中	16,229	**53.6**	**12.3**	3.7	4.8	2.3	1.9	4.6	0.6	3.6	0.4	2.0	0.3	0.4	0.4	1.1	0.4	8.0
南	11,244	**53.0**	**12.2**	5.9	9.8	2.9	0.9	2.6	0.5	1.0	0.8	2.2	0.4	0.7	0.8	0.3	0.1	6.3
港南	3,196	**34.4**	**17.1**	**12.6**	**11.3**	2.7	1.6	2.3	1.0	2.4	2.0	2.2	0.8	1.3	0.9	0.7	0.1	7.6
保土ケ谷	5,634	**36.6**	**11.8**	9.2	8.6	7.9	3.3	2.1	1.1	1.7	1.8	1.7	0.4	1.4	1.4	0.7	0.4	10.6
旭	3,462	**26.8**	**12.3**	**13.9**	9.5	5.2	1.4	2.1	1.2	2.0	6.1	3.0	0.8	1.4	1.8	0.8	0.2	12.6
磯子	5,455	**50.0**	9.9	6.1	8.8	3.9	2.7	2.2	2.0	2.1	0.9	1.4	1.6	1.3	0.6	0.4	0.2	6.3
金沢	3,283	**21.7**	**11.5**	**14.4**	9.6	4.1	1.8	2.1	4.3	3.2	2.5	2.3	8.4	2.7	0.6	0.9	0.2	10.3
港北	7,431	**24.8**	**15.7**	9.2	**10.3**	4.9	2.0	3.4	2.5	4.0	2.0	1.5	0.6	1.0	1.8	1.6	1.3	13.9
緑	4,692	**21.8**	7.1	6.9	9.5	1.8	**28.9**	1.0	2.9	1.2	4.2	2.1	0.8	1.6	1.2	0.4	0.4	8.5
青葉	4,911	**25.0**	**13.8**	9.0	6.0	1.3	5.8	2.6	1.4	5.2	4.7	1.2	1.0	1.6	1.5	1.5	1.8	16.7
都筑	3,821	**17.2**	**13.7**	**10.6**	**10.9**	1.1	5.3	3.1	3.0	3.0	2.5	1.3	0.7	1.6	2.3	0.7	8.5	14.9
戸塚	4,573	**39.1**	**12.5**	**12.0**	7.9	4.8	1.1	1.8	2.9	2.4	3.0	1.3	1.2	1.3	0.9	0.7	0.2	7.3
栄	1,414	**31.0**	**14.6**	**14.8**	9.6	2.4	1.5	3.6	1.7	3.8	1.4	2.3	0.4	1.3	1.0	1.2	0.3	9.9
泉	2,521	**30.2**	7.1	**28.5**	7.1	1.0	0.4	1.4	3.2	1.5	2.1	2.0	1.2	1.0	2.0	0.3	0.2	11.5
瀬谷	2,102	**22.7**	8.0	**23.3**	**12.3**	4.8	0.3	2.0	2.1	1.6	3.8	1.7	1.9	1.5	1.8	0.2	0.1	12.2

注：国籍別割合10%以上（「その他」除く）を太字に，本稿中で着目した国籍に下線を付した．なお，住民基本台帳では韓国人と朝鮮人は個別に集計されているが，表1や図1に合わせて，表2では両者を合算して示している．
資料：住民基本台帳（2023年1月末時点）より作成．

い一方、市の西部や南部の区ではそれほど多くない。国籍別にみると、多くの区で中国人や韓国・朝鮮人、ベトナム人、フィリピン人、ネパール人の割合が高い傾向にある。とりわけ中国人と韓国・朝鮮人については、ほとんどの区で前者は20%以上、後者は10%以上を占める。

外国人数が最も多い中区では中華街が位置することから、中国人の割合が50%を超えている。中区に隣接する南区（53・０%）や磯子区（50・０%）でも中国人の割合が過半を占めており、中国人の集住が中華街から周辺に広がっていることが考えられる。なお、横浜中華街は中国の広東省や福建省、および台湾出身のオールドカマーによって形成された経緯があることから[2]、中区には横浜全体の台湾人の26・１%にあたる台湾人（７４９人）が居住している。また、中区には米国人（５８５人）も比較的に多く、横浜全体の同人の22・５%を占めるが、これは同区の山手地区に開港期の外国人居留地が造られ、現在も多くの洋館が建ち並ぶ地区が存在することに起因すると考えられる。

鶴見区は中国人の割合は35%程度である一方で、フィリピン人やネパール人、ブラジル人の比率が他区に比べて高く、それぞれ1千人程度以上の居住者がおり、多様な様相を呈している。特にブラジル人（１１９８人）が多く、横浜全体の45・5%が同区に集中する。また、ペルー人（４０７人）も多いことから、鶴見区には南米タウンと称されるエスニック・タウンが存在する。なお、表には示していないが、鶴見区にはボリビア人（１２５人）も多く、横浜全体の同人の64・８%を占める。

また、金沢区ではペルー人（２７６人、８・４%）、緑区ではインド人（１３５５人、28・９%）、都筑区ではドイツ人（３２４人、８・5%）、泉区や瀬谷区ではベトナム人（泉区：７１８人、28・5%、瀬谷区：４９０人、23・３%）の割合が比較的に高い点も特徴的である。特に緑区におけるインド人は横浜全体の同人の38・３%、都筑区におけるドイツ人は横浜全体の同人の40・４%を占めており、それぞれの区内でエスニック・タウンを形成している可能性が考えられる。

では、それぞれの国籍の外国人がいつ頃から横浜に住み始めたのだろうか。図１より１９８１年以降の主な国籍の外国人数の推移を確認すると、いくつかの傾向が読み取れる。まず、オールドカマーである韓国・朝鮮人は横浜最大のエスニック集団であったものの、日本全体の動向と同様に１９９０年以降は増加せず、２０１０年以降は減少傾向にある。自然減や日本への帰化に伴う減少と考えられる。一方、同じくオールドカマーである中国人（老華僑）は１９８０年代後半以降にさらに人口を急増させてきた。もちろん、この増加は１９８０年代以降に新たに来日したニューカマー（新華僑）によるものである。

１９９０年頃から増加したのはブラジル人やフィリピン人であり、前者の増加は入管法（出入国管理及び難民認定法）の１９９０年の改正による日系人に対する国内での就労の緩和に起因する。後者の増加はバブル経済期以降の興行の在留資格での来日や、２０１０年代以降の技能実習生としての来日による。なお、２０００年代半ば以降のブラジル人の減少は、リーマンショックや東日本大震災の影響と考えられる。

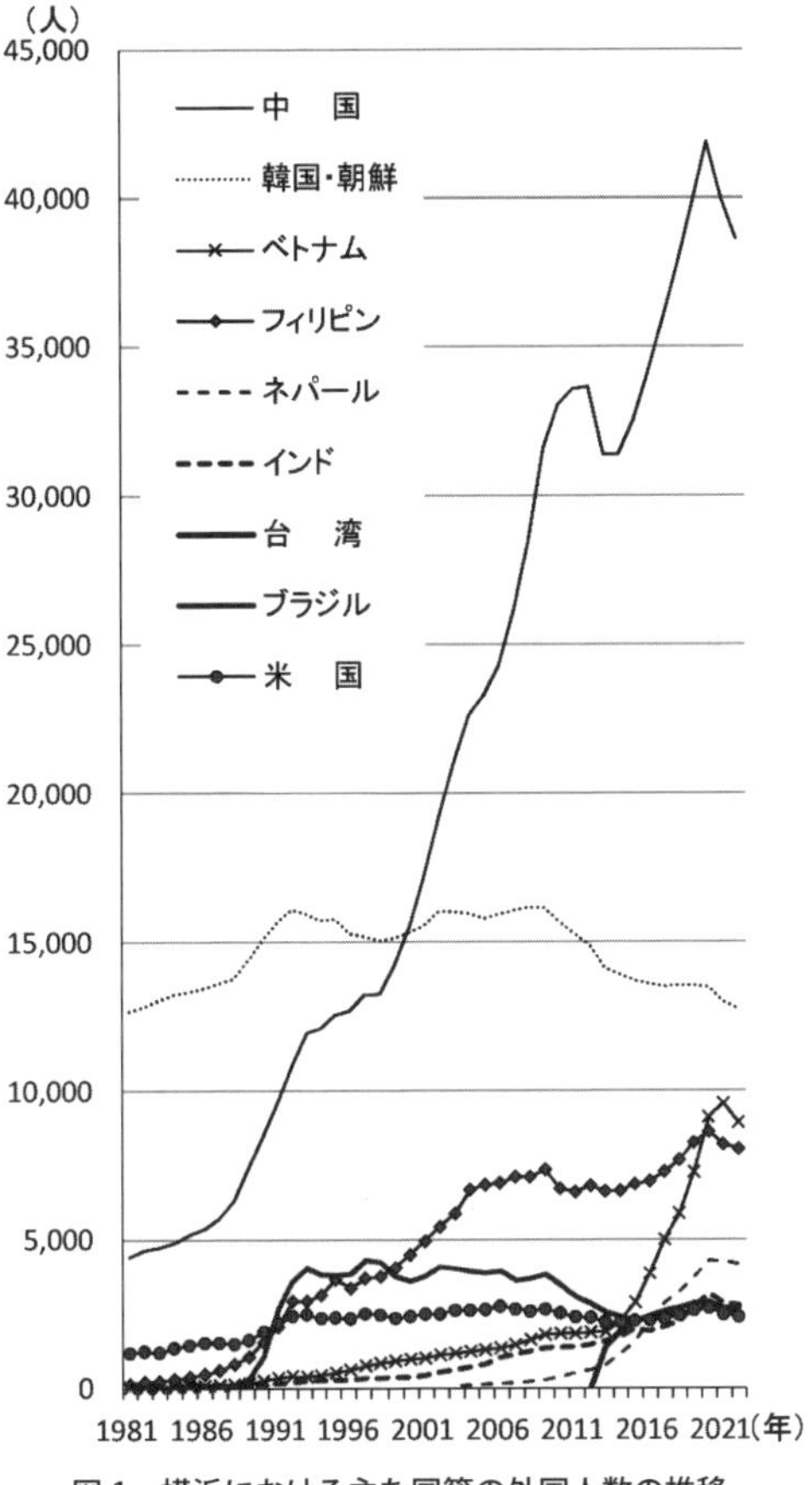

図１　横浜における主な国籍の外国人数の推移
（1981 年～ 2022 年）

注：台湾の人口は 2012 年までは中国に含まれている．
資料：横浜市ウェブサイトの「外国人の人口」より作成．なお，原資料は 2012 年までは外国人登録人口，2013 年以降は住民基本台帳人口である．

ここ10年ほどの期間にベトナム人は技能実習生や留学生として、ネパール人も留学生としての来日者数が急増しており、(3) 横浜でも同様の傾向にあるといえよう。なお、ネパール人は鶴見区（９９４人）や神奈川区（８８２人）、西区（５５８人）に多く、この３区で横浜全体のネパール人の5割近くを占めるが（表2）、これは日本語学校が近隣の神奈川区や西区、中区に集積していること(4)や、在日ネパール人を支援するＮＰＯ法人が西区に立地することの影響と考えられる。

◆エスニックな要素の都市空間への表象

次に、町丁目単位での外国人についてみるが（図2）、国勢調査等では外国人の国籍までは把握できないため、以降の町丁目単位での分析は表2の区単位の分析結果と合わせて類推する形となる。

図2中のA～Eは、外国人について特色のある動向を示す地区である。まず、Aには外国人割合が高い町丁目が集中している。特に、中区の山下町や山手町、中区と南区にまたがる伊勢佐木町周辺での集中が目立つ。先述したように、山下町には中華街があることから中国人や台湾人が多く、山手町では米国人が多いと想定される。中華街には当然ながら中華料理などの飲食店をはじめとする中華系のエスニックビジネスが集積し、建築物だけでなく看板の写真や文字、ランタンなどの装飾、街全体の色彩などにエスニックな要素が表出する（写真1）。中華街近辺の外国人数が多いことを考えると、中華街で働く中国人や台湾人は比較的に職住近接であると推察される。また、伊勢佐木町周辺にも中華系だけでなくタイ料理店や

写真１　観光地化した横浜中華街（中区山下町）
観光地として流行に敏感であるため,「映え」が意識されたエスニック要素が街に表出している．2022年12月小原撮影．

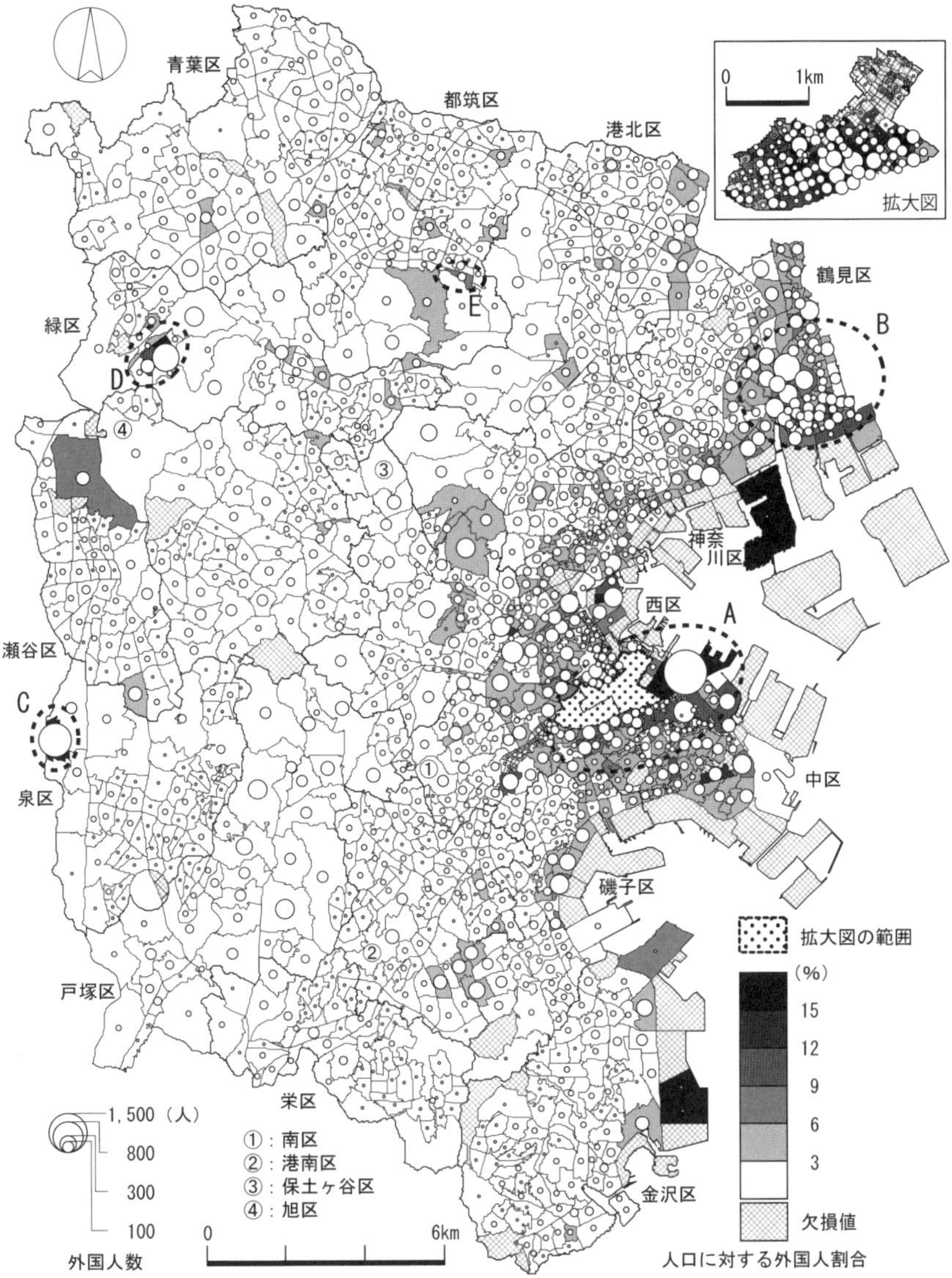

図2　横浜の町丁目別の外国人数と外国人割合（2020年）

図中のA～Eは本文に対応する．ここでは鉄道路線を描き入れていないので，本書26頁の図等を参照してほしい．なお，秘匿データ扱いで「欠損値」の町丁目が多くなっている点や，人口が少ないために結果的に外国人割合が高く表れる町丁目がある点に注意が必要である．国勢調査(2020年)より作成．

タイ式マッサージ店が目立つなどエスニックな要素が確認できる。伊勢佐木町は戦前から横浜を代表する繁華街であったが、商業地域としての相対的な地位の低下に伴って空き店舗が増加したところに、様々な国籍のニューカマーが進出してきている(5)。それゆえ、特定の国の料理というよりも、アジアの多国籍な飲食店があるなど特定の民族や国籍に偏った空間ではないところが（写真２）、中華街のようなオールドカマーのエスニック・タウンとは異なる。

次に、Ｂは鶴見区の鶴見中央や本町通、仲通、浜町に該当する地区である。こちらも先に記したように、ブラジル人を中心とする南米タウンが形成されているとともに、戦前に沖縄から京浜工業地帯の一角である鶴見へ工場労働者として移住した者によって形成された沖縄タウンとしても有名である。２０２２年のＮＨＫの連続テレビ小説『ちむどんどん』の舞台の一つとなったことは記憶に新しい。南米と沖縄それぞれに関連する飲食店や物品販売店が立地するが（写真３）、現在ではそれほどの集積は見られない。なお、Ｂに南米タウンと沖縄タウンが並存するのには理由がある。戦前に沖縄から南米諸国へ開拓移民として渡った日系人の子孫が、戦後、とりわけ１９９０年の入管法の改正を受けて、同じルーツである鶴見の沖縄コミュニティを頼って来日したことによる(6)。

横浜西部の区では相対的に外国人は少ないが（表２）、それら

写真２　エスニック色の濃い雑居ビル
（中区若葉町３丁目）
韓国系のビルにアジア多国籍料理店やタイ式マッサージ店，韓国料理店，日本料理店等が入居している．2022 年 12 月小原撮影．

写真３　南米と沖縄が折衷された飲食店
（鶴見区仲通１丁目）
2022 年 12 月小原撮影．

の区のなかの特定の地区では特徴的な外国人の集積がみられる。Cの泉区上飯田町には８千人弱の外国人が居住する。この町丁目には県営のいちょう団地が立地し、多くの外国人の受け皿になっている。いちょう団地は市境でもある境川をまたいで大和《やまと》市にも広がっており、大和市側にも多くの外国人が居住している。いちょう団地に東南アジア系を中心とする外国人が多い要因は、大和市にインドシナ難民のための大和定住促進センターが開設され、同センターの支援を受けた難民が同団地に定住したためであり、また厚木や海老名など近隣の市の工場労働者として来日した中国人や南米系の外国人も同団地に居住したためである。[7] それゆえ、いちょう団地は多国籍な場所となっており、住民への案内や求人募集も多言語で示されている（写真４）。なお、同団地近隣の市立飯田北いちょう小学校の児童数１７９人（２０２２年４月時点）のうちの１６４人が「外国につながる児童[8]」、つまり児童本人や家族、あるいは親戚が外国籍とのことである。この地域の少子化と相まって、同小学校の「グローバル化」が目立つ形となっている。

Dの緑区霧が丘も局所的に外国人が多く、外国人割合が高い。特に霧が丘３丁目は１０４２人の外国人が居住し、外国人割合は26・６％と非常に高い。表２からも類推されるように、その多くはインド人であり、現地では多くのインド人に遭遇する。霧が丘にインド人が多い要因は、横浜市がインドのグ

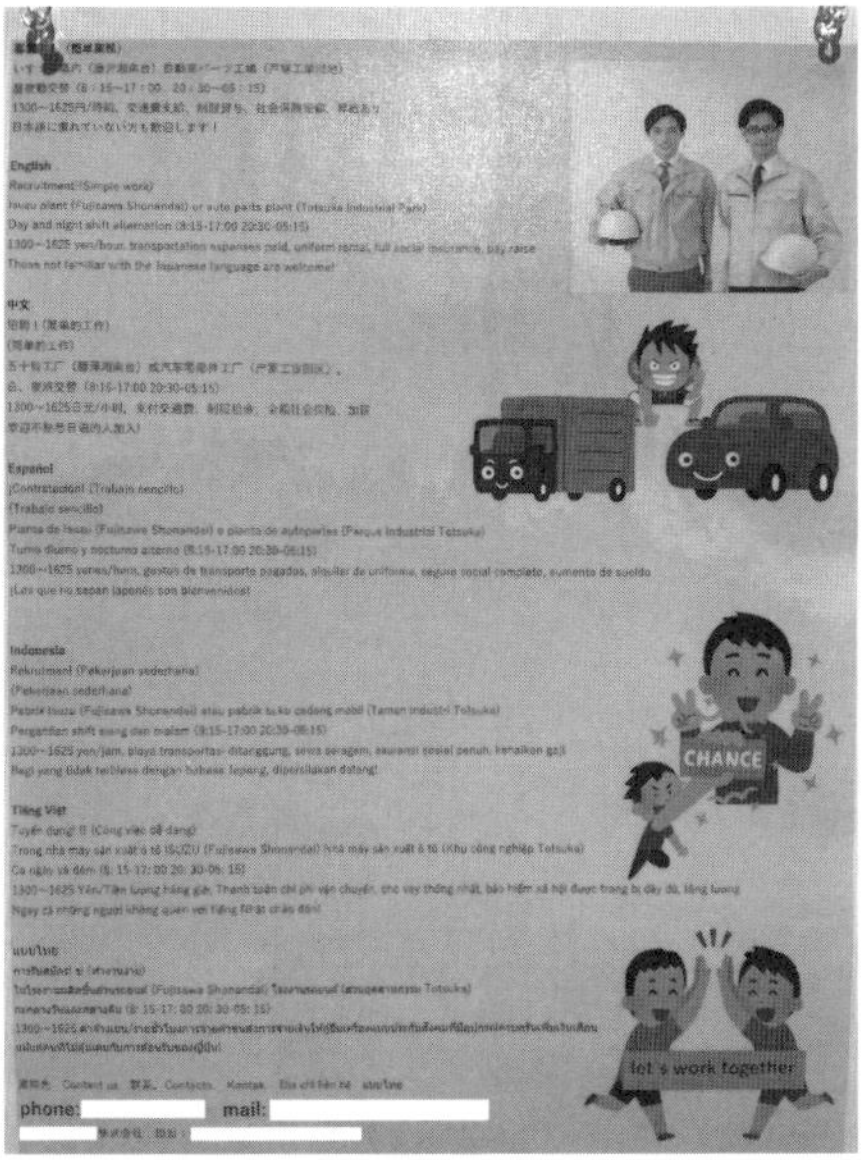

写真４　いちょう団地内の掲示板の多言語による求人募集（泉区上飯田町）

日本語を含む７言語で求人募集されている（神奈川県内の工場労働）．さまざまな国籍の外国人にとって，神奈川県内の工場が就業の場であり，いちょう団地をはじめとする公的デベロッパーによる集合住宅群が居住の場となっている証左といえる．2023年３月小原撮影．

ローバルIT企業やエンジニアを同市に誘致するために、2008年にインド系のインターナショナルスクールの同地への開設を働きかけたことによる。[9] グローバル企業の誘致や人材の獲得の手段として、エスニック色の強い教育機関を戦略的に活用しており、実際にその方法が有効であることがうかがえる。ただし、同スクールやインド系の食材店の立地は確認できるものの、エスニック的な要素はそれほど空間に表出されていない。

都筑《つづき》区でもエスニック色の強い教育機関が特定の国籍の外国人を吸引している。同区には横浜全体の40・4%にあたる324人のドイツ人が居住しており、これは1991年に茅ケ崎南2丁目(図2)にドイツ系のインターナショナルスクール「東京横浜独逸学園」が移転開設されたことによる。[10] 都筑区内にはドイツ系企業が複数立地し、また、近隣の緑区白山1丁目にもジャーマンインダストリアルパークが立地しているが、この地域ではエスニックな要素の空間への表象はほとんど確認できない。

◆エスニック空間を考える視座

以上をふまえ、最後に横浜の多様なエスニック空間について筆者の雑感を記す。第1に、横浜の各地のエスニック空間は担い手であるエスニック・マイノリティの国籍が多様であることはもちろんのこと、その空間が形成された背景や経緯、時期についても様々である。また、同じ国籍の外国人であっても、場所ならびに時期が違えば、形成されるエスニック空間の様相が異なることには注意しなければならない。

第2に、エスニックな要素は必ずしも都市空間に表出されるとは限らない。商業地域では建築物や看板、陳列の商品などによってエスニックな要素が表出されやすいが、同じ商業地域であっても場所により程度の差異が見られる。その差異の要因がどこにあるのかは、都市空間を考えるうえで重要と考える。

そして第3に、グローバル経済と結びつく形でエスニック空間を形成する地域があることも重要である。特に、緑区霧が丘の事例のように、企業や人材を誘致するために、意図的に、戦略的にエスニック空間形成の基盤を整えられている点は興味深い。

今後、日本の諸都市がさらなるグローバル化に直面する際に、エスニック空間をどのように形成させ、扱っていくのかという点は大きな課題といえよう。

（小原丈明）

[注]

（１）それぞれのデータの取得時点（表１：２０２０年10月1日、表２：２０２３年1月31日）が異なることも理由として考えられるが、表1は国勢調査のデータ、表2は住民基本台帳のデータであり、それぞれ依拠するデータが異なることが主な理由である。なお、両者のデータ取得時点を合わせて比較するために、２０２０年９月30日時点における住民基本台帳の横浜全体の外国人数を確認したところ10万１９０５人であった。つまり、住民基本台帳の外国人数のほうが国勢調査のそれよりも15・７％多いことがわかる。

（２）山下清海（２０００）『チャイナタウン―世界に広がる華人ネットワーク』丸善ブックス。

（３）東洋経済 ONLINE（２０１８年1月29日）の緒方欽一氏の記事（https://toyokeizai.net/articles/-/206541）より（２０２３年２月28日最終確認）。

（４）日本全国の日本語学校リストのウェブサイト（https://hh-japaneeds.com/ja/schools/）には横浜の日本語学校が16校掲載されている。そのうち神奈川区および西区、中区にはそれぞれ4校、3校、5校が立地している（２０２３年３月２日最終確認）。

（５）堀江蓉子（２０１５）「横浜市中区伊勢佐木モールにおけるエスニックビジネスの進出」地理空間８―１、35―52頁。

（６）島田由香里（２０００）「横浜市鶴見区における日系人の就業構造とエスニック・ネットワークの展開」経済地理学年報46、２６６―２８０頁。

（７）NIKKEI BUSINESS（２０１３年12月23日）の記事による。

（８）横浜市立飯田北いちょう小学校ウェブサイト（https://www.edu.city.yokohama.jp/sch/es/iidakitaicho/）より（２０２３年２月28日最終確認）。

（９）ＮＨＫの番組「首都圏ナビ」のかながわ情報羅針盤（２０２３年２月６日放送）より。

（10）東京横浜独逸学園ウェブサイト（https://www.dsty.ac.jp/ja/unsere-schule/geschichte）より（２０２３年２月28日最終確認）。

特番◈神奈川県 横浜市 Ｖ

クラフトビール、市民酒場、そして「はま太郎」

◆馬車道から野毛へ

横浜の馬車道《ばしゃみち》と入船《いりふね》通りの角を大岡川方面に曲がって少し行くと右側に、ビール醸造施設をもつレストランがみられる。あるいは馬車道から万国橋通りを横浜ワールドポーターズやＪＩＣＡ横浜、横浜ハンマーヘッドの方面、すなわち海側に進んでも、ホテルや商業施設の１階部分にこのような店舗が入っている。ブリューパブというのであろうか、店内または店外からも醸造施設をみることができ、ピルスナーやペール・エールなどスタイルの異なる美味いビールを飲むことができる。

他方、馬車道を市営地下鉄ブルーラインの関内《かんない》駅方面に進み、ＪＲ根岸《ねぎし》線をくぐると伊勢佐木町《いせざきちょう》だ。イセザキ・モールの商店街をすぐに右に曲がる。飲み屋街をしばらく歩くと都橋《みやこばし》にさしかかるが、１階部分は大岡川に沿って緩やかにカーブし、２階部分はベランダのようにせり出している建物、「野毛《のげ》都橋商店街ビル」が目に飛び込んでくる（写真１）。文化庁の「近現代建造物緊急重点調査」のウェブサイトにもあるが、野毛本通りなどの露天商を東京オリンピックまでに排除したいという横浜市の意向を受けて１９６４年に建設された「露天商収容建築」であり、横浜の戦後復興の歴史を今に伝える貴重なものである（写真２）。飲み屋が集積する野毛からブルーライン桜木町駅に向かい地下に降りていくと、そこにも飲み屋が広がっている。「桜木町ぴおシティ」、正式名称は「桜木町ゴールデンセンター」である。

さて今回は横浜のクラフトビールと「市民酒場」について取り上げるのだが、私の傍らに横浜クラフトビアマップがある。横浜ベイブルーイング株式会社が２０１９年に作成したもので、野毛や伊勢佐木町、馬車道などが含まれる中区、横浜駅がある西区、そしてキリンビール横浜工場がある鶴見区でクラフトビールを提供するパブやレストランが49カ所示されている。このマップには「横浜をクラフトビアシティへ！」とあり、２種類以上の樽生クラフトビールを提供し、簡単な英語での注文に対応している店舗が掲載されている。もう一つリストがある。横

写真１　大岡川側からみた野毛都橋商店街ビル
2022 年 12 月 10 日山口撮影.

写真２　野毛都橋商店街ビルと入居する酒場
2022 年 12 月 10 日山口撮影.

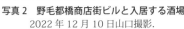

浜市民酒場組合連合会による『組合員名簿　創立40周年記念号』（以下、『組合員名簿』）であり、市民酒場といわれる酒場が77カ所掲載されている（重複して記載されているものは除く）。この名簿は１９７９年10月に刊行されており、閉店したところも多いのだが、現在でも営業しているところもある。

後述するように、この市民酒場について大変詳しくかつわかりやすく説明しているのが星羊社《せいようしゃ》から刊行されている雑誌「はま太郎」である。横浜民衆文化誌と銘打って横浜の酒と歴史そして地理にまつわる地域情報を余すことなく伝えてくれている。２０１３年12月に刊行された創刊号から市民酒場について取り上げ、店主への丹念なインタビューからその語りを採録している。市民酒場を取り巻く経済や社会に触れつつ、人間模様を活写することに成功している。今回は市民酒場とクラフトビールの立地についてマッピングするのだが、市民酒場に関する記述の多くは「はま太郎」によるものであることをあらかじめお断りしておく。さらに、この横浜と帯広、五島を取り上げ，第1集と変わらず，アルコールの地理や drinking geographies について、都市・地域とのかかわりから描いていきたい。

◆クラフトビアシティ横浜

日本で生産されているクラフトビールに法規などで定められた明確な定義はなく(1)、横浜においてもブリューパブで醸造されたクラフトビールもあれば、大手ビールメーカーによってつくられたクラフトビールもある。日本におけるクラフトビールの概略を示すと、１９９４年の酒税法改正によってビールの醸造免許を取得するために必要な年間最低製造数量が２０００kℓから60 kℓに引き下げられた。この規制緩和により、全国各地で小規模ビール醸造所が数多く誕生した。大手ビールメーカーのそれとは異なる味わいや物珍しさからブームとなるが、高価格であるにもかかわらず品質が安定しないといった理由から２０００

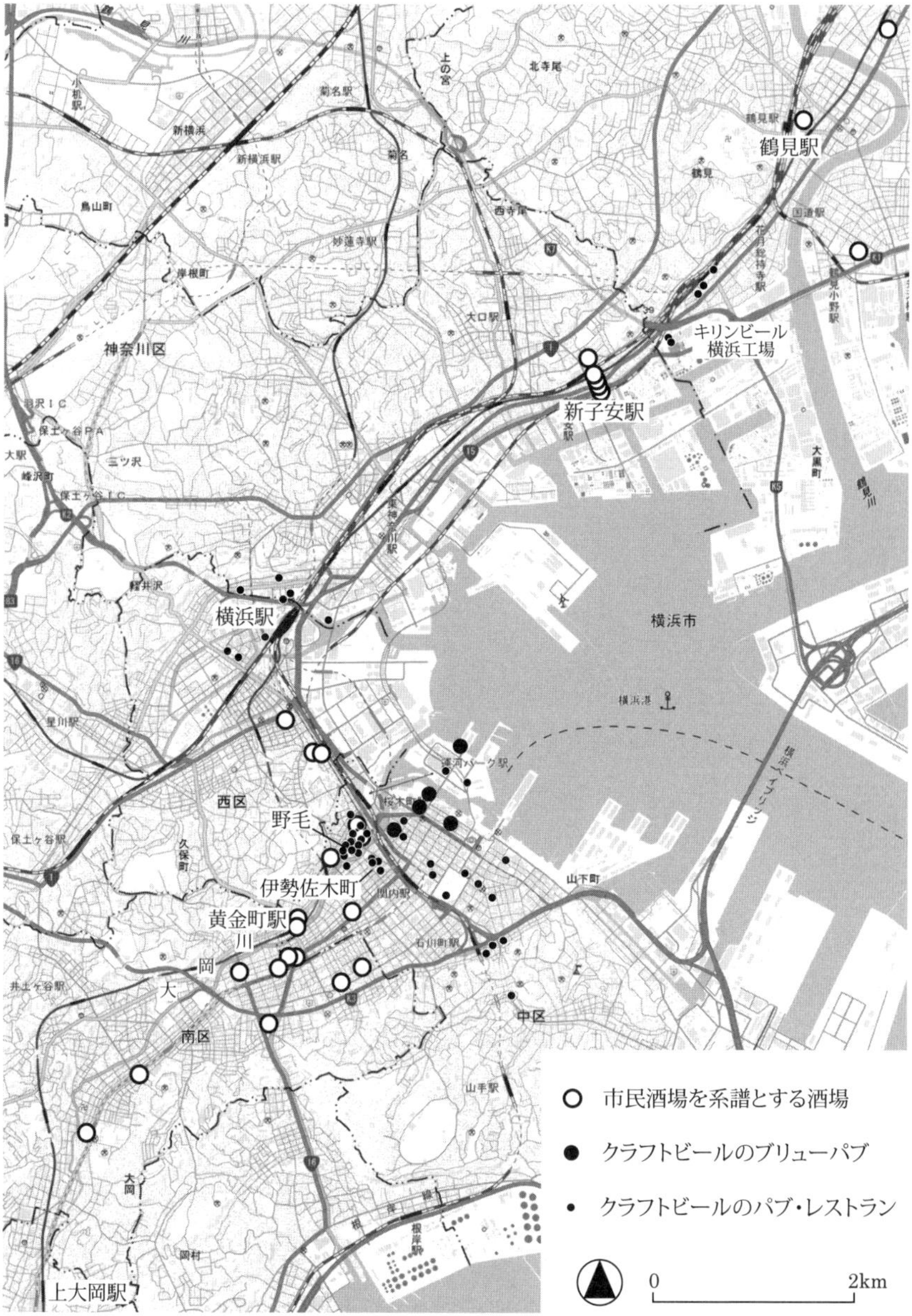

図１　クラフトビールのパブ・レストランと市民酒場を系譜とする酒場

ベースマップは地理院地図.「横浜クラフトビアマップ」および横浜市民酒場組合連合会『組合員名簿　創立 40 周年記念号』をもとに作成.

年以降販売量は減少傾向となった。その後、醸造技術の向上や品質改善、米国をはじめとした世界的なクラフトビール人気とともに２０１２年頃より業界が再び活気づきはじめた。現在でもその人気は堅調であり、２０２２年の東京商工リサーチによる「第13回　地ビールメーカー動向調査」でも、スーパーマーケットやコンビニエンスストアなどでの販売に加え、コロナ禍ではあるものの徐々に飲食店での消費が増え、出荷量を伸ばしているという。

　図1は先述の横浜クラフトビアマップに掲載されたパブとレストラン、ブリューパブおよび『組合員名簿』に掲載された市民酒場で現在営業が確認された26店舗を示したものである。クラフトビールの店舗はみなとみらいの赤レンガ倉庫近くや関内、横浜駅に隣接する横浜ベイクォーターあたりに散見される。またブリューパブはハンマーヘッド（写真3）や万国橋近くのビジネスホテルの1階部分に入っている。いずれも横浜港の水辺に近く、ガラス張りの店内からでも、店外の席からでも「港のまち横浜」を感じられる、といったような演出がなされている。ここから目を移すとキリンビール横浜工場のお膝元である生麦《なまむぎ》にも数店舗がみられるが、最も多くのクラフトビールの店舗が集積するのが伊勢佐木町から野毛にかけてのエリアである。このエリアには17店舗が立地しており、多様なクラフトビールを楽しむことができる。野毛都橋商店街ビルの1階で営業している店舗もあり、各店舗でこだわりのあるクラフトビールを味わうことができる。さてクラフトビールを提供する店舗と市民酒場を系譜とする酒場の立地は重なる部分もあれば、そうでないところもあるが、次で詳しく

写真３　横浜ハンマーヘッドのブリューパブ
中央やや右，ガラス張りの店内にビール醸造設備が見られる．
2022年12月10日山口撮影．

見ていこう。

◆「はま太郎」と市民酒場

まず、「はま太郎」について。創刊時はＡ５判変型サイズでモノクロ、中綴じミシン製本というレトロ感漂うデザインだったが、11号からはＡ５判無線綴じフルカラーにリニューアルされた。私もモノクロの４〜８号を購入した（創刊〜３号と９・10号は購入できず図書館で複写した）のだが、それぞれ異なる美しい色の糸で綴じられ、手に取ってみると表紙とその印刷部に凹凸があり、そういった物質性が否応なく内容を期待させる。その内容は冒頭の通り、まさに横浜をめぐる地誌である。

次に、かつての市民酒場について。星羊社から２０１５年に刊行された『横濱市民酒場グルリと——はま太郎の横濱下町散策バイブル』によると、それは昭和10年代にあった大衆酒場だが、日中戦争時に組織された「組合としての市民酒場」と太平洋戦争時に市内の大衆酒場を整理統合してつくられた「配給のための市民酒場」という２つの側面を有する。戦時下、アルコールを含む物資が徐々に不足するなかで、同業者組合をつくってそれに対応しようとする動きと行政が政策的に管理しようとする動きが併存していて興味深い。「はま太郎」をめぐっていくと、市民酒場に関する区誌史などの「公的」な資料の記述を刷新し、豊かな聞き取りから新しい知見を付け加えていることに驚かされる。たとえば、市民酒場ができたのは１９４４年10月４日というのが区誌史の記載[2]だが、南区睦町にある「忠勇《ちゅうゆう》」の初代店主・永島四郎氏が１９３８年に市民酒場とその組合をつくったことをインタビューから明らかにしている[3]。南区で発足した「横濱市民酒場組合」はその後、中区、西区、保土ケ谷区、神奈川区、鶴見区でも同様のものが結成され、翌１９３９年にそれを取りまとめる「横濱市民酒場組合連合会」が組織された。

図1をみると、市民酒場を系譜とする酒場は南区から鶴見区まで比較的広域に立地している。野毛と伊勢佐木町に集積するクラフトビールの店舗とそれはやや重なるが、とりわけ市民酒場が発足した南区に多く立地しているのがわかる。みなとみらい辺りにはこの酒場がまったく見られないが、それはかつてここには倉庫などの港湾施設や造船所があったためで、むしろそれらに隣接した陸側に市民酒場が立地していた。横浜駅の南に3軒の酒場（「常盤木《ときわぎ》」、「岩亀《がんき》」、「森屋酒場」）がみられるが、とりわけ常盤木と岩亀はかつての横浜船渠株式会社、後の三菱重工業横浜造船所の目の前にあり、その労働者で大いににぎわったという。2014年刊行の「はま太郎」6号にも「写真酒場　一枚の写真で呑む　常盤木（西区戸部町）」が掲載されており、この界隈は「ドック村」といわれ、活況を呈したことが描かれている。また、横浜造船所は「横浜みなとみらい21」の再開発のため1983年に中区本牧《ほんもく》へ移転したが、岩亀横丁とよばれたこの通りには現在でも当時の風情を残す酒店やパン屋などがみられる。

同様に、JR京浜東北線・京急本線の新子安《しんこやす》駅近くにも計5店の酒場がみられる。新子安も日産自動車横浜工場があり、三交代制で働く労働者が仕事の疲れをいやしたわけだ。駅から近い「市民酒蔵　諸星《もろほし》」に入ると左手に奥にのびる長いカウンターがあり、その内側の壁にはびっしりとお品書きが貼られている。千葉県久留里《くるり》は藤平《とうへい》酒蔵の「東鏡《あずまかがみ》　普通酒」をお燗で頼むと少し分厚めのコップでそれが供される。写真

写真4　市民酒蔵 諸星
2022年12月10日山口撮影.

4の入り口の暖簾にも「福祝《ふくいわい》」とあるが、同じ酒蔵の特定名称酒の銘柄である。久留里は先に取り上げた「忠勇」の永島四郎氏の故郷であり、「諸星」では「忠勇」とのつながりでこれらが提供されている。[4] もちろん「忠勇」でもこれらの銘柄を楽しむことができる。

このほかに、市民酒場組合を媒介としたネットワークとして「ふぐ料理」に関するエピソードも重要である。かつて東京湾ではショウサイフグに代表されるふぐがたくさん水揚げされたことから、永島氏は1950年に横浜市民酒場組合連合会を母体として「神奈川県ふぐ協会」を創設した。[5] 毒をもつふぐを調理する技術や知識の普及がなされ、市民酒場においてもふぐ料理を楽しむことができるのである。たとえば、黄金町にあり、昼から営業している「和泉屋」は私も刺身定食をつまみながら昼酒を呑むところだが、唐揚げやてっちりなどのふぐ料理を楽しむことができる。横浜市民酒場連合会は2010年に解散となったが、いまでも往時のネットワークに根差した遺産をそこここに感じることができる。

◆市民酒場とブリューパブの空間的布置

これまで横浜の市民酒場を系譜とする酒場とブリューパブにみられるようなクラフトビールを提供する店舗について概観してきた。これらの立地には空間分化がみられ、ひとつとしては造船所や港湾施設、自動車工場などに勤務する労働者などに親しまれた市民酒場と、いまひとつとしてはそのような施設が移転・撤退した後にたつクラフトビールの店舗がすみ分けられて存立するということである。都市空間の再編過程において、とりわけウォーターフロントではクラフトビールのみならずキラキラした「視覚的な消費」に資するものが選好されている。[6] 実際に食べる、呑むという「身体的な消費」が後退し、「映える」ものこそが前景化して景観や場所を構成するのだ。飲食、あるいはアルコールをめぐるこのような状況さえもが「スペクタクルの演劇化」として立ち上がるが[7]、それは生きられたものではなく、諸星や和泉屋とは対極である。他方、伊勢佐木町や野毛においては市民酒場とクラフトビールの店舗の立地が重なり、異種混交している。すでに閉店したのだが、桜木町ゴールデンセンターにも「キンパイ」という市民酒場があった。二村太郎と杉山和明が野毛の表通りである新横浜通りに面した大手チェーン系居酒屋が入居するビルの「均一的」な景観を示しているが[7]、他方では一歩野毛のなか、あるいは地下街に足を踏み入れるとそうではない個人店や小規模チェーンの飲食店で充当されているという。そのような場所に私は強い刺激を受ける。おりしも、星羊社から２０２３年に『よこはま　野毛太郎―酔郷ではしご酒』が刊行され、アルコールも含む野毛に関する生活・文化が詳述され、地図も効果的に配されている。分厚い飲酒文化を／から精緻に描き出し、またそれを発信する「はま太郎」のようなメディアや出版文化をとても嬉しく思いつつ、飲酒経験から多様な都市景観や場所について地理学から打ち返すことができるのであれば、そのフロンティアを開拓せねばなるまい。

（山口　晋）

［注］

（1）清水愛友実・氏家清和（２０１５）「国内酒類市場におけるクラフトビールの特徴―スキャナパネルデータによる市場での位置づけならびに購入者属性の分析」農業経済研究87―３、２９１―２９６頁。
（2）いせたろう（２０１３）「市民酒場を語る①―酒店に迫られた運命の選択。市民酒場はこうして生まれた」はま太郎１、４―10頁。
（3）いせたろう（２０１４）「市民酒場を語る②―「市民酒場の父」が守り抜いた市民酒場マインド」はま太郎２、４―10頁。
（4）いせたろう（２０１４）「市民酒場を語る④―三交代制の工場労働者の胃袋を満たした市民酒場」はま太郎４、４―10頁。
（5）いせたろう（２０１４）「市民酒場を語る③―「市民酒場」と「ふぐ協会」との知られざる関係」はま太郎３、４―11頁。
（6）Jackson. P.（2017）Eating well. *Geoforum* 84：pp. 239-240.
（7）ギー・ドゥボール／木下　誠（２００３）『スペクタクルの社会』ちくま学芸文庫。
（8）Futamura. T. and Sugiyama. K.（2018）The dark side of the nightscape: the growth of izakaya chains and the changing landscapes of evening eateries in Japanese cities. *Food, Culture & Society* 21(1): pp. 101-117.

特番◈神奈川県 横浜市 Ⅵ

「港町」と「東京とのつながり」からみた横浜の地誌

◆東京の「外港」としての歴史

横浜市は、２０２３年2月の推計で３７６万人の人口を擁し、その数だけでみれば大阪市を上回り、国内第2位の大都市といえる。その成長の契機は、江戸末期にアメリカと結んだ日米修好通商条約に伴う開港による。その歴史はおよそ１６０年程度であり、県庁所在地クラスの都市としてはそれほど古くはない。その横浜が、なぜ国内屈指の大都市に成長したのか。本稿では、横浜の成長の歴史を紐解きながら、その地誌的特徴と魅力を探ってみたい。

横浜が急成長した最大の理由は、やはり幕末の開港にある。同時期に開港した5つ（函館、新潟、横浜、神戸、長崎）のなかの一つというだけでなく、それが首都である江戸ないし東京に近接し、その中心都市と強く結びついた外港としての役割を担った意味は大きい。１８７２（明治5）年、日本初の鉄道が居留地のあった築地に近い新橋と横浜（現在の桜木町）間に開通したのも、東京の外港としての位置づけによる。これにより横浜は、世界と東京とを結ぶ玄関口としての役割を担うこととなる。日本の政府要人が世界へ視察に行く際や海外の商人が東京へ来る際にも、横浜港を経由した。欧米を視察した岩倉使節団（岩倉具視、大久保利通、伊藤博文、津田梅子など）も、この横浜港からアメリカへ向けて出発した。国内外における物流の拠点でもあり、たとえば1877（明治10）年の国内に対するシェアは輸出で69%、輸入で75%を占めた[(1)]。

鉄道については、先の新橋—横浜間だけでなく、1883（明治16）年に今の高崎線が上野—熊谷間で、翌々年には今の山手線が品川—赤羽間（新宿経由）で、同年に宇都宮線が大宮—宇都宮間で開通した（図1）。いち早く産業革命を果たし工業化が進んでいた欧米に対する数少ない輸出品が生糸や織物であった当時、養蚕が盛んな群馬・埼玉・栃木方面を貿易港である横浜といち早く鉄道で結ぶ必要があり、これらの路線は相対的に早く開通した。一度作られた交通網は国土軸・都市軸を形成する。生糸や織物の輸送に使われなくなった今でも、宇都宮線や高崎線には上野東京ラインや湘南新宿ラインといった高速鉄道が通り、東京大都市圏の大動脈となっている。埼玉県内は、今でも東京方面へのアクセスがよい

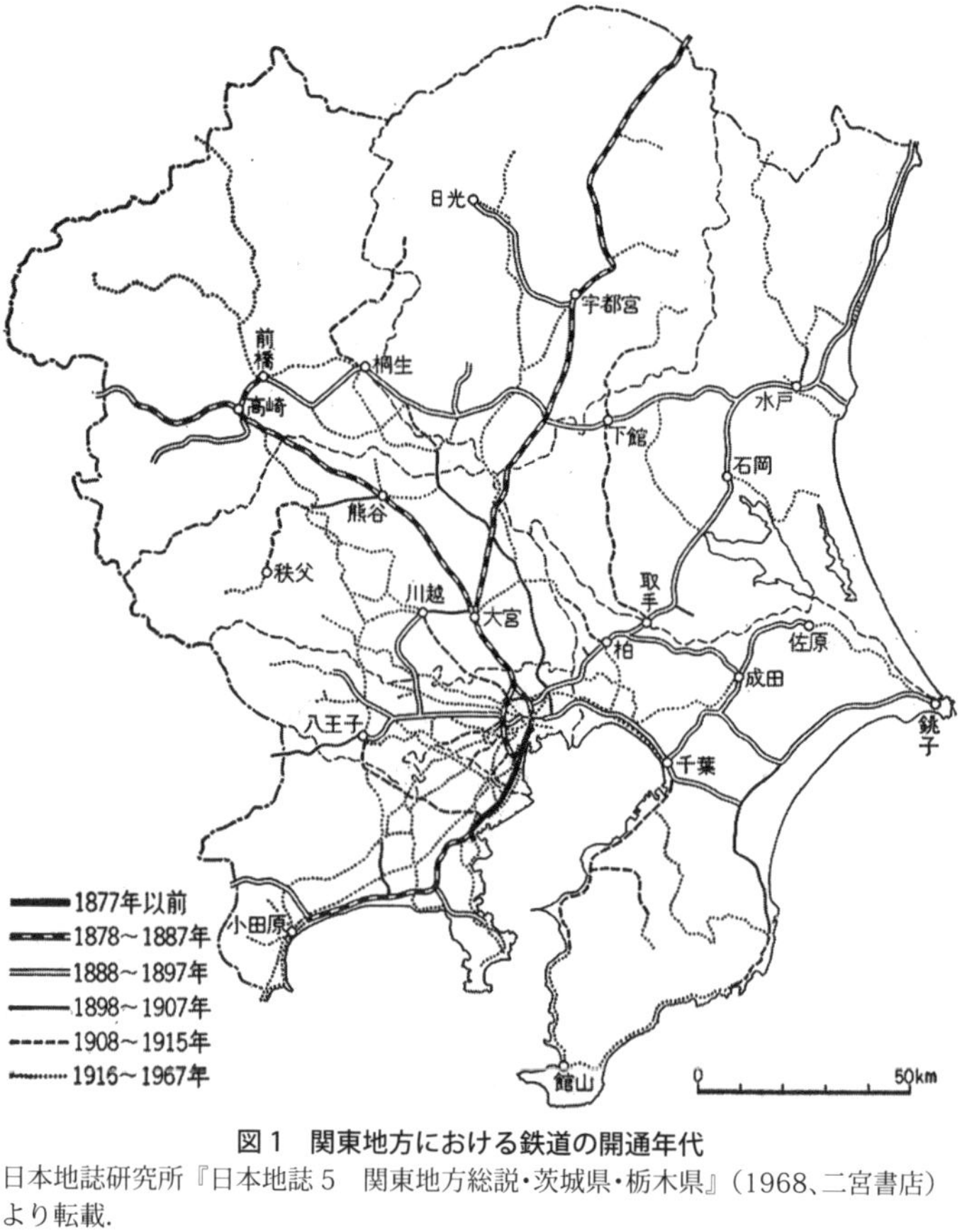

図1　関東地方における鉄道の開通年代

日本地誌研究所『日本地誌5　関東地方総説・茨城県・栃木県』（1968、二宮書店）より転載.

のに対して、埼玉県内の横の移動が難しいこともこの影響といえる。

横浜ファッションの一つに、地場産業の横浜スカーフがある。高度経済成長期の頃には国内外における生産量のかなりを占めていたともいわれる。シルク（絹）を浮世絵版画の捺染《なっせん》という技術で色付けをしたのが横浜スカーフであり、横浜港に生糸や絹織物が集まったことがその地場産業の発展につながったといわれる。

アメリカなど5カ国と結んだ修好通商条約では、高等学校の日本史でも学ぶように、当初は宿場町があった「神奈川」を開港地としていた。神奈川は大動脈である東海道沿いの宿場町で人通りも多い。当時、井伊直弼の独断でこの条約を結んだために尊王攘夷志士を中心に国中に反幕府・反外国人の雰囲気が蔓延しており、薩摩藩士がイギリス人に切りかかる生麦《なまむぎ》事件やその後には薩英戦争なども起きていた。その状況下で神奈川に港を開くことを幕府は躊躇《ためら》い、東海道から外れ（図2）、当時は小さな漁村であった横浜で開港することとした。

◆随所にみられる港町としての歴史の雰囲気

このように横浜の都市としての歴史は開港によって

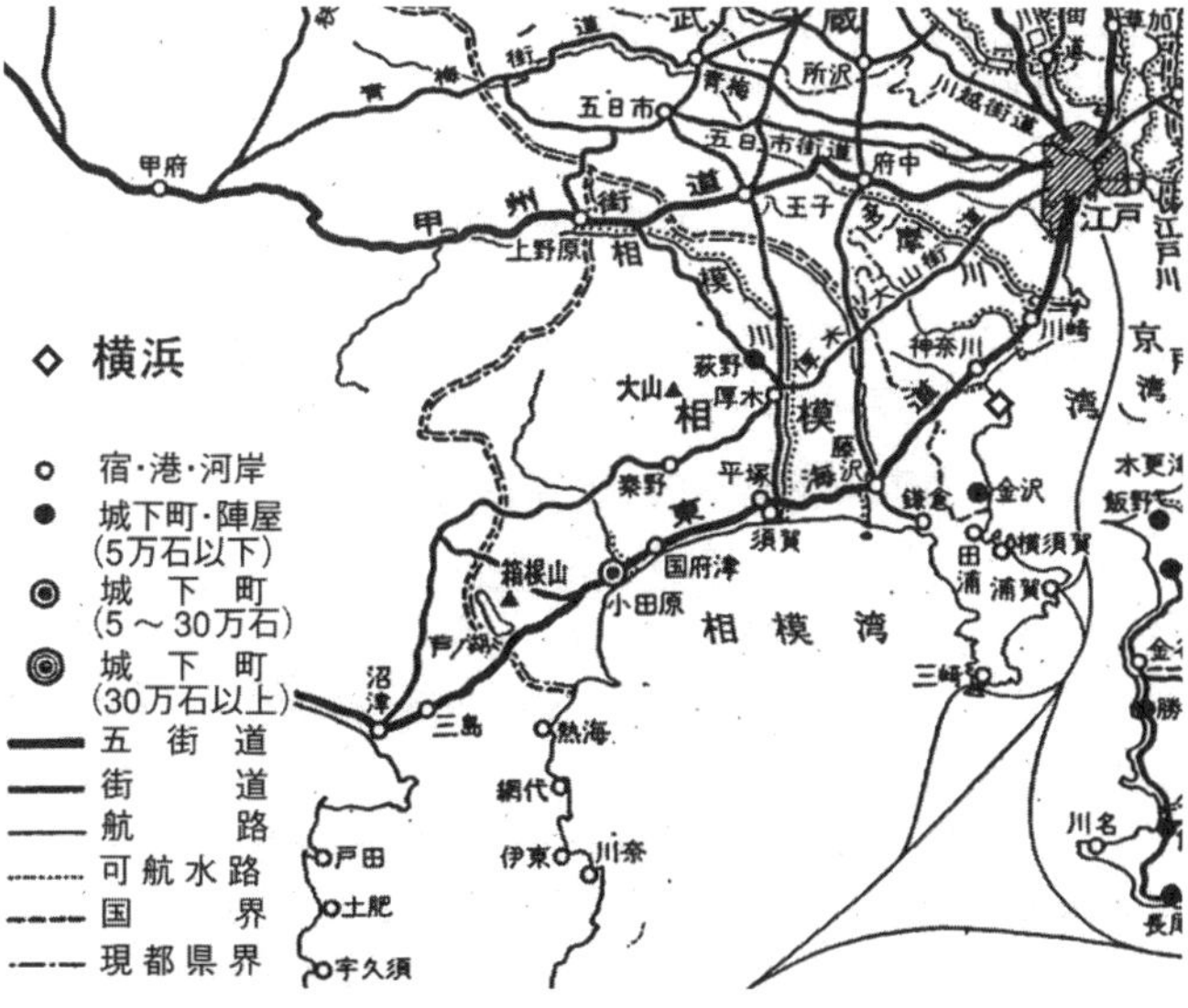

図2　江戸時代における東海道の宿場町と横浜の位置
天野宏司（菅野峰明ほか編『日本の地誌5　首都圏Ⅰ』所収、2009、朝倉書店）の一部に加筆.

始まり、それが東京の外港と位置づけられたことで急速に発展した。そのため港町として歩んだ歴史の雰囲気が、横浜という都市の随所にみることができる。

たとえば元町《もとまち》には、商館が立ち並ぶ関内《かんない》居留地と住宅が並ぶ山《やま》手《て》のそれを行き来する外国人向けの店舗ができ、たとえば「ウチキパン」は日本における食パン発祥の店として知られる（写真1）。ペコちゃんで知られる洋菓子の不二家《ふじや》も開業の地は元町である。アメリカから派遣されたプロテスタント宣教師が山手に創設したフェリス女学院などの女学校が多く存在することも影響し、1970年代後半には、元町で全身をコーディネートするハマトラファッションがブームとなった。東京の原宿にしても大阪のアメリカ村にしても、日本を代表するファッションタウンは欧米とのつながりが契機となっており[2]、ファッションタウン元町の形成も同様といえる。

元町とは中村川を挟んで向かい合う横浜中華街は、いうまでもなく中国から訪れた人々が開いた飲食店のまちである。中華街の形成の契機も前掲の修好通商条約にある。これを結んだアメリカ、イギリス、フランス、オランダ、ロシアとの間では貿易が開始されるが、商談を行う際に言葉の壁があった。そこで重宝されたのが、日本人と漢字を用いた筆談が可能な中国人であり、主要な貿易港には、欧米商人に帯同した中国人が集まることとなった。今日、日本国内の代表的な中華街といえば横浜、神戸、長崎のそれであろうが、いずれも幕末に開港した都市であることがわかる。

写真1　食パン発祥の店，元町のウチキパン
2022年2月牛垣撮影.

次いで関内。中村川と大岡川、それに現在は首都高速神奈川1号横羽線が通る場所にも両河川をつなぐ派大岡《はおおおか》川が流れており、これらに架かる橋にはトラブルを回避するために、日本人（特に武士）の出入りを管理する関門がおかれた。その海側が関内、逆側が関外とされた。関内の呼称は駅名などに残されるが住居表示にはない。

現在の横浜スタジアムは、1882（明治15）年の迅速測図では公園とある（図3）。公園は英語 public park の訳語であり、日本では明治期以降に居留地などで整備が進むが、ここにはイギリスの上流階級の人々の間で人気であったクリケットのグラウンドがあり、1896（明治29）年には旧制第一高等学校（現在の東京大学教養学部など）と横浜在住米国人チームとの間で国際野球試合が行われた。1934（昭和9）年にはベーブ・ルースやルー・ゲーリック率いる米大リーグオールスターと試合を行っており、終戦で駐留軍に同

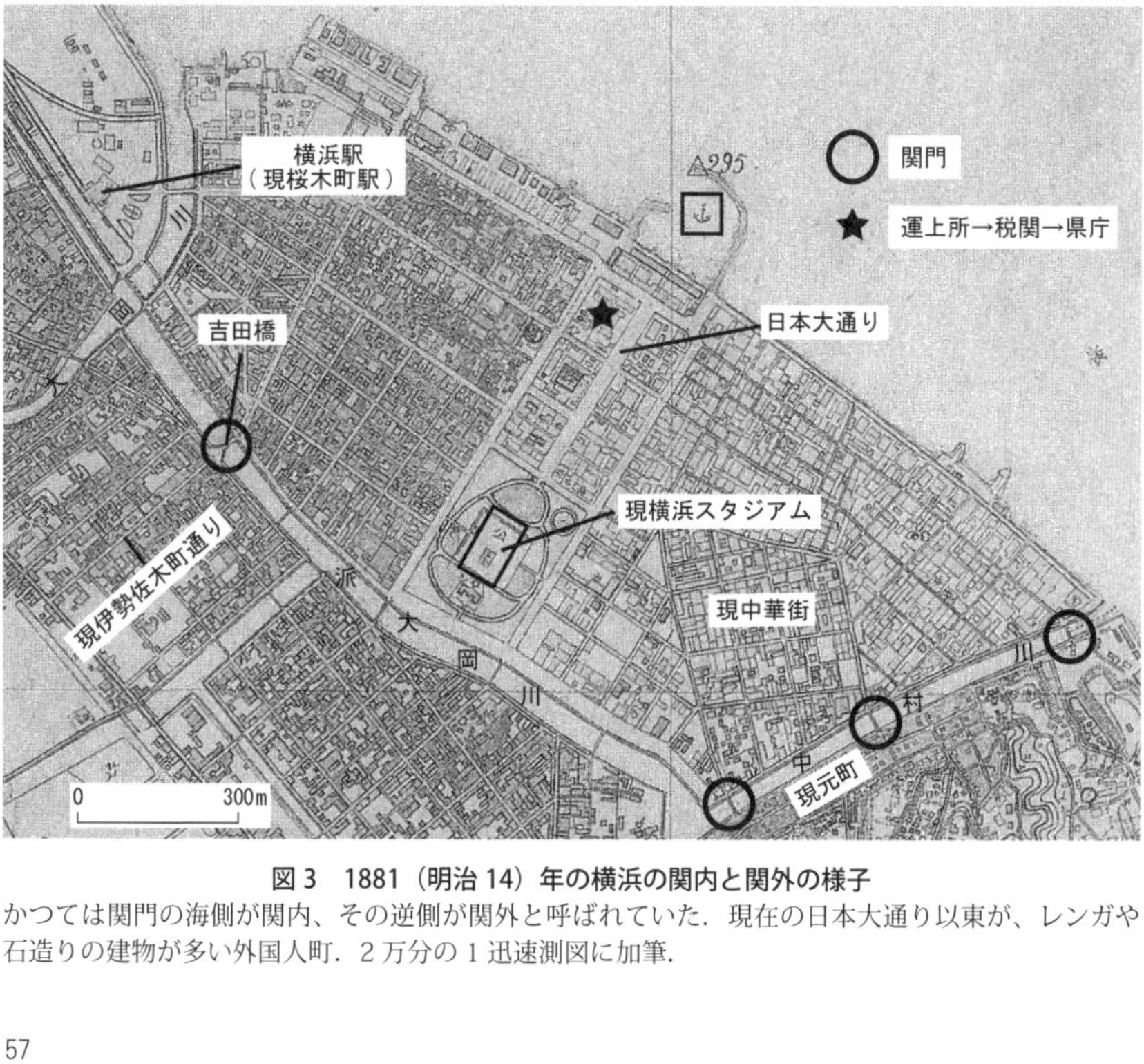

図3 1881（明治14）年の横浜の関内と関外の様子
かつては関門の海側が関内、その逆側が関外と呼ばれていた．現在の日本大通り以東が、レンガや石造りの建物が多い外国人町．２万分の１迅速測図に加筆．

球場が接収された際には「ゲーリック球場」と命名された(3)。横浜スタジアムは、野球を通じて日本と世界を結ぶ場所であったといえ、２０２１年の東京オリンピックにおいて横浜スタジアムが野球とソフトボールのメインスタジアムに使われたことも、歴史的にみれば必然性がある（写真２）。

横浜スタジアムから港湾方面には日本大通りが通る。ここより東側は外国人町、西側は日本人町とされた。図３のカラー原図のうち、外国人町にみられる赤色の建物は垸工《かんこう》（レンガや石製）家屋を意味する。日本初の西洋式街路であり、広い幅員と歩道、植樹帯を有し、当時は火除地としての役割を果たすとともに、下水道が整備されたため、横浜の近代下水道の発祥の地でもある。日本大通りに面して現在の神奈川県庁の場所には、関税の徴収など目の前の港湾で行われる貿易を取り締まる税関（江戸末期から明治初期の呼称は運上所《うんじょうしょ》）があった。

関内に対して、吉田橋の関門の外に位置するのが現在の伊勢佐木町《いせざきちょう》通りである。関内から真金町《まがねちょう》の遊郭へ向かう通り道でもあり、早くから横浜の繁華街として賑わった。かつて銀座をぶらぶら歩くことを「銀ブラ」といったように、ここをぶらつくことを「伊勢ブラ」といった。伊勢佐木町通りにあった映画館オデヲン座では日本初の洋画が上映された。この日本映画史にとっては重要な映画館も２０００年に閉館し、しばらくは雑居ビルの看板に「ODEON」の文字がみられたが、２０２３年２月現在では商業施設ドン・キホーテに変わっている。かつての痕跡としては、エレベーターのある入り口の上部に「NEW ODEON」

写真２　横浜スタジアムのオリンピック関連展示
2023 年 2 月牛垣撮影.

の表記がわずかに残されている（写真３）。

次いで野毛《のげ》は、伊勢佐木町とは大岡川を挟んで西側に位置する。第二次世界大戦後、伊勢佐木町が進駐軍により接収されたのに対して、野毛は日本人向けの闇市として賑わった。その雑然とした雰囲気は、今日も様々なタイプの飲食店が集まるまちに残されている。人気テレビ番組の企画「きたなシュラン」三ツ星の有名店である「三陽《さんよう》」も、一見入りにくい雰囲気が漂うが（写真４）、店員の接客は丁寧、餃子や自家製味噌ダレネギ鳥など人気メニューの味は確かである。

最後に「みなとみらい21（ＭＭ21）」をみる。かつて造船所や操車場、港湾関連施設だった一帯を再開発した場所で、機能が失われた港湾施設を産業遺産として観光などに活用した代表的な事例といえる。赤レンガ倉庫は、輸入貨物の関税徴収を一時的に留保する手続きを済ませた外国貨物を、通関完了まで保管する倉庫として使われた。世界

写真３　かつての映画館「ODEON」の表示が見られる商業施設
2023年２月牛垣撮影.

写真４　かつて闇市だった野毛の飲食店街
2023年２月牛垣撮影.

的なコンテナ普及によって横浜港でも主役が他の埠頭へ移り、この倉庫も１９８９年にはその役割を終えるが、内装を修復し雑貨店など若者に人気の店舗を入れることで観光施設として再生された。もう一つがドックヤードガーデンである。ドックは船を建造・修理するための港湾施設であり、これは日本に現存する商船用の石造りドックとしては最古のものである。壁の内部には飲食店などの店舗が入り、ドック内は様々なイベントなどで利用されている。

横浜のまちを歩くと、何ともいえない心地よさを感じる。広がる海と海風の心地よさに加えて、まち中から港町としての歴史と風格を肌で感じることができる。横浜の中では港町としての歴史がある関内に隣接する場所で再開発が進み、歴史的な資源が破壊されなかったためか、横浜は、港町としての歴史性と再開発によってつくられた新しさが、うまく共存する都市と思える。

◆現代における横浜と東京とのつながり

現代の横浜は、市民の通勤先として東京と強くつながる。少し古いデータだが２０００年における区別の通勤通学先を示した図４をみると、関内や横浜駅周辺、みなとみらい21といった横浜の都心部である西

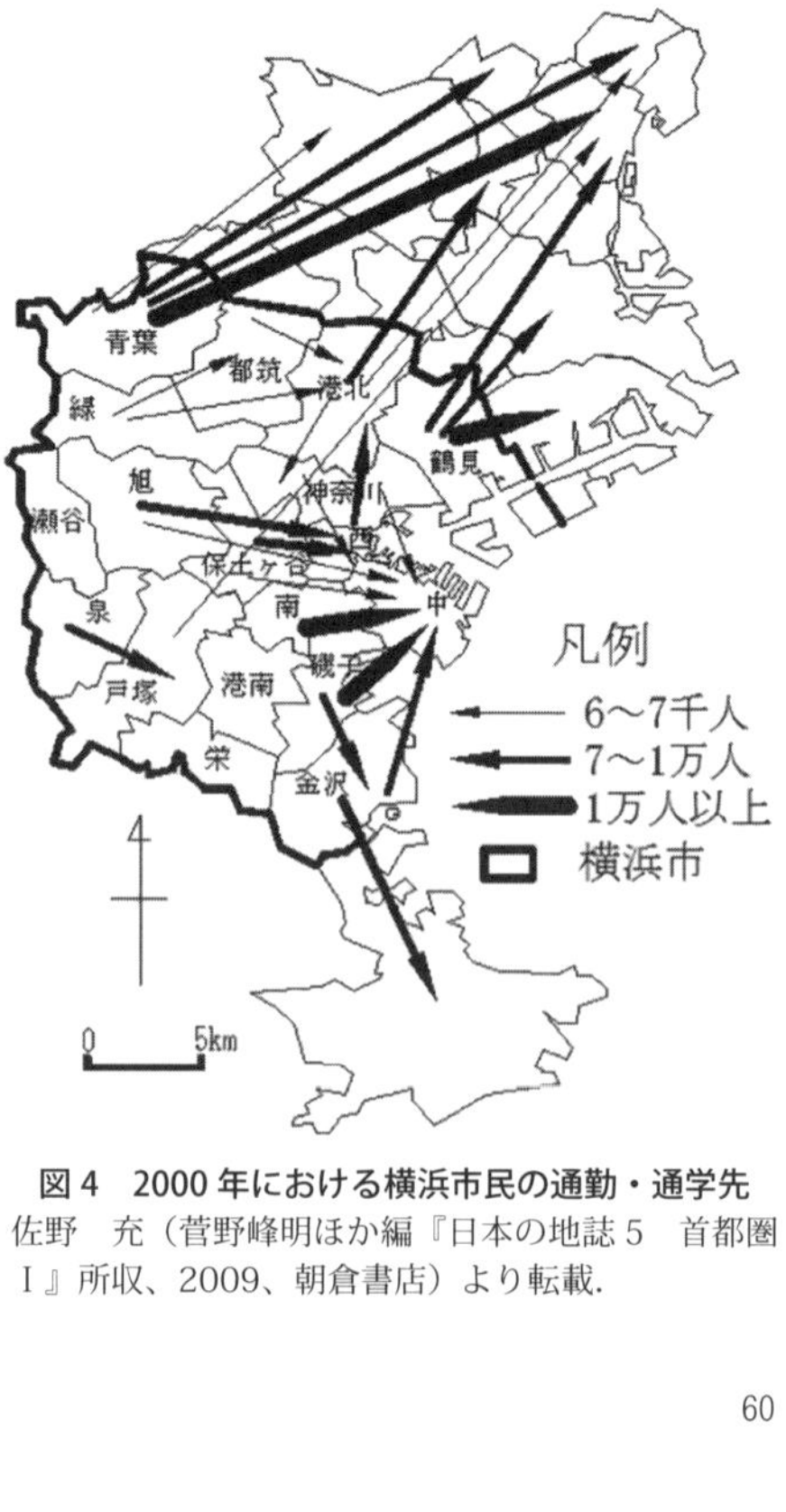

図４　2000 年における横浜市民の通勤・通学先
佐野　充（菅野峰明ほか編『日本の地誌５　首都圏Ⅰ』所収、2009、朝倉書店）より転載.

区や中区では、これに近接する区から通勤者を引きつけているが、港北区といった北部の区ほど千代田区、中央区、港区といった東京の都心部へ通勤していることがわかる。冒頭で触れた通り、人口でみれば横浜市は東京に次ぐ国内第2位の都市であり、オフィスが立地する都心が周辺地域から従業員を引きつける一つの都市としての側面をみることができる反面、あくまで東京大都市圏の郊外の一つにもみえる。

横浜市民の多くが東京の都心部へ通勤する背景には、それだけ東京の都心部へオフィスが集積していることがあげられる。東京都心の地価は高騰しそこに居住するのは困難なため、そこで働く人は遠く離れた郊外に住み、長時間にわたり満員電車で通勤する人が多く都市問題とされた。この対策として1988年に制定された多極分散型国土形成促進法に基づき、横浜市でもオフィスの受け皿となるべく1993年に横浜業務核都市基本構想が策定され、オフィス誘致が進められた。しかしバブル崩壊に伴う東京都心部の地価の急落により、東京大都市圏の都心と郊外とでの地価の格差が縮小したことで、オフィスも都心回帰し、その誘致は思うようには進まなかった。みなとみらい21では、しばらく広大な空地が広がっていた(写真5)。当初はオフィス誘致を目指したが、マンションやアンパンマンこどもミュージアムなどのレジャー施設を設けたことで、2000年代後半からは人口が増加した。しかし元々住宅地ではなく、またそれを想定したわけでもないため、付近には図書館や医療施設といった生活に必要な施設が不足する

写真5　かつてみられたMM 21の空地とマンション群
2012年6月牛垣撮影.

といった課題も抱えている。(4) なお、近年の通勤行動やみなとみらい21の再開発に関する詳細は、本書の稲垣記事を参照されたい。

◆横浜の本質は「港町」と「東京とのつながり」

これまでみてきたように、今日の横浜の魅力の多くは、港町であり世界から多くの人や文化を受け入れてきたことによってもたらされたことがわかる。それは幕末の開港以降、東京の外港として、東京と世界を結びつけるなど、東京との関係のなかで重要な役割を果たしてきたからに他ならない。今日においても、東京は横浜市民の主要な通勤先であり、また東京に集積しすぎたオフィスの受け皿としても期待されるなど、両都市のつながりは深い。東京とのつながりに裏打ちされた港町としての歴史によって築いてきた地域性こそが、横浜の本質的な地理的特徴といえよう。

（牛垣雄矢）

[注]

（1）横浜税関資料より。
（2）牛垣雄矢（2022）『まちの地理学―まちの見方・考え方』古今書院。
（3）横浜スタジアムのウェブサイトより。
（4）日本経済新聞2013年11月7日朝刊より。

北海道 帯広市

道産の日本酒とワイン、そして北の屋台と路地

◆機内誌の酒

航空会社の機内誌やクレジットカード会社の会員誌をみると、必ずといっていいほど日本酒やワインとその酒蔵が取り上げられている。酒やそれにあう料理、酒蔵やその周囲の景観が私たちの目に飛び込んでくる。日本酒に限っていえばＪＡＬとそのグループ会社で配布されている機内誌「ＳＫＹＷＡＲＤ」の２０２１年９月号に島根県安来《やすぎ》市にある吉田酒造の「月山《がっさん》　純米大吟醸」が掲載された。日本酒そのものだけではない。２０２３年２月号の同誌には佐渡島の尾畑《おばた》酒造の「真野鶴《まのつる》」が紹介され、蔵元の語りと廃校を利用した酒蔵やサステナブルな酒造りが写真とともに解説されている。

ＡＮＡグループの機内誌「翼の王国」も同様である。２０２３年５月号では「能登　食の智慧」と題して、ＩターンやＵターンした人々が開店したレストランやオーベルジュなどが取り上げられた。筆者は秋田出張の機内のシートモニターでこれをみたのだが、それらで供される山海の恵みが視覚に訴えかける。あわせるのは当然日本酒だろうなどと思っていると、石川県能登《のと》町《ちょう》宇出津《うしつ》の数馬《かずま》酒造が掲載されていた。この銘酒は「竹葉《ちくは》」であり、『日本の都市百選　第１集』で取り上げた秋田の名店「鳥天狗《とりてんぐ》」の甲野隆紀さんに飲ませてもらったと記憶している。彼は石川県の出身なので、能登や加賀の日本酒にも大変通じて

いる。

　これらの酒蔵は創業百年以上の歴史を有するところばかりだが、他方で新蔵ラッシュであるのが北海道である。私の手元にあるＶＩＳＡカードの会員誌「ＶＩＳＡ」の２０２２年３＋４月号では「清酒、北の新天地」と題して、２つの新しい酒蔵が紹介されている。ひとつは函館の北にある七飯町《ななえちょう》の箱館《はこだて》醸蔵（２０２１年創設）、もうひとつは北海道中央部にある上川町《かみかわちょう》の上川大雪《かみかわたいせつ》酒造緑丘蔵《りょっきゅうぐら》（２０１７年創設）である。上川大雪酒造は２０２０年に帯広畜産大学のキャンパス内に碧雲蔵《へきうんぐら》を、２０２１年に函館に五《ご》稜《りょう》乃《の》蔵《くら》を新設した。上川大雪酒造がユニークであるのは、三重県にある休造中の蔵の酒造免許を買い取って上川町に移設をした点にある。なぜなら酒税法により、60年以上にわたって「清酒製造免許」が交付されず、新規参入が事実上認められていないからだ。さらにユニークであるのは、帯広畜産大学、小樽商科大学、北見工業大学、函館工業高等専門学校と連携しながら道産の酒米を使って小規模の酒造りを実践している。

　今回は「日本の食糧庫」とも称される十勝《とかち》平野の中心都市・帯広《おびひろ》を取り上げるが、この平野の東に位置する池田町には「いけだワイン城」を有する「池田町ブドウ・ブドウ酒研究所」がある。以降、日本酒とワインそしてそれらを消費する帯広の盛り場について書き進めていきたい(1)。

◆40年ぶりに誕生した十勝地方唯一の酒蔵

　とかち帯広空港(2)から車で北上し、清流日本一にも輝いたことがある札内《さつない》川を越えてしばらく行くと、総面積およそ１８９万４５５０㎡、東京ドーム41個分ほどの広大なキャンパスを誇る帯広畜産大学に入る。ここに全国初の大学キャンパス内にある酒蔵、上川大雪酒造碧雲蔵がある（写真１）。この名前は帯広畜産大学の学生寮「碧雲寮」から命名された。かつて十勝地方には多くの日本酒の酒蔵があり、最盛期には15の蔵があったが、米の作付面積の落ち込みや日本酒の消費低迷により、それらの酒蔵はすべて廃業してしまった。碧雲蔵の入口の手書きのボードには十勝地方に約40年ぶりにできた酒蔵であることが示されており（写真2）、新たな酒造りへの大いなる期待が感じられる。中に入るとショップがあり、その奥が醸造施設とそれを見学できるスペースだ。醸造施設はガラスばりで見学スペースからよく見え、反時計回りに歩くと酒造りの工程がよくわかる。醸造施設はきわめてコンパクトで、年間５００石未満の小仕込み・高品質の酒造りをモットーとしている。中硬水である札内川水系の伏流水を井戸からくみ上げて仕込水として使い、北海道産の酒造好適米である、彗星《すいせい》、吟風《ぎんぷう》、きたしずくの３種で醸《かも》される。その味わいは食中酒としてさすがの安定感であり、ぬる燗でもうまいと思う。見学スペースのボードに、まずは十勝のお客様に十勝の酒を飲んでもらいたいというポリシーが掲げられている。まさに「飲まさる酒」（北海道弁で「つ

写真１　上川大雪酒造碧雲蔵
2022年10月21日山口撮影.

写真２　碧雲蔵の入口
2022年10月21日山口撮影.

いつい
もう一杯と飲んでしまう」酒）となっている。

◆現存する道内最古のワイナリー

帯広の中心地から国道と県道を東へ車で30分ほど。利別《としべつ》川の左岸の高台にいけだワイン城がある。池田町でブドウ栽培が始まったのは１９６０年にさかのぼる。なぜブドウとワインなのか。冬季は気温がマイナス20～30℃になる十勝地方では冷害や自然災害を乗り越えるために、寒くとも豊かに実る山ブドウが注目された。その後、１９６３年に果実酒類試験製造免許を取得した池田町ブドウ・ブドウ酒研究所で十勝ワインの醸造がスタートする（写真３）。しかし厳しい冬の寒さや春や秋に起こる霜害などにより、寒さに強い独自品種や寒冷地に適したブドウ栽培の方法が求められた。ブドウの樹木が突然変異する性質を利用してフランスで育成された早生品種で黒ブドウのセイベル１３０５３をもとに樹木を選抜し、独自品種「清見《きよみ》」が生まれた。だがこの品種も防寒のために収穫後に樹木を土に埋め、翌春に再びそれを掘り出す必要があった。より寒さに耐えられる品種の開発が進められ、耐寒性が強い山ブドウと清見などを交配して新たな品種づくりがなされた。その結果、生まれたのがいずれも黒ブドウ品種の「山幸《やまさち》」と「清舞《きよまい》」である。とりわけ山幸は色も濃く、渋みや味わいも深い。長期熟成も期待できる優れた品種で十勝地方が誇る主力品種となっている。山幸は２０２０年11月に日本で3品種目のブドウ品種としてＯＩＶ

写真３　いけだワイン城のワイン樽
いけだワイン城の歴史が西暦とともに記されている．2022 年 10 月 21 日山口撮影．

（国際ブドウ・ワイン機構）の品種リストに登録され、国際的に認められたブドウ品種となった。[3]

山幸や清舞の誕生により、十勝地方でのブドウ栽培やワインづくりのすそ野が広がっていることはたしかである。２０１９年には帯広市で「相澤《あいざわ》ワイナリー」が、２０２０年に西隣の芽室町《めむろちょう》でＭＥＭＵＲＯＷＩＮＥＲＹが、２０２１年には池田町で「十勝まきばの家ワイナリー」がオープンした。このように十勝地方では独自のブドウ品種による新たなワインづくりが進んでおり、今後の展開が大変楽しみである。[4]

◆「北の屋台」と路地の飲み屋街

さて、十勝の日本酒とワインにあう山海の酒肴を楽しみに帯広の夜の盛り場に繰り出したい。まずは中心市街地活性化の成功例ともされる「北の屋台」に向かう。[5]その前にここのユニークさを予習しておこう。

北の屋台はＪＲ帯広駅の北の西1条南10丁目7番地にある屋台の集合体である（図1）。ここの敷地は西1条通と銀座通との間にあり、間口約10・９ｍ、奥行約49ｍ、面積約５３４㎡（約１６２坪）で通り抜けることができる。１９９８年1月の火事で焼失するまで、ここには帯広独特の商業形態である廉売《れんばい》市場のひとつ「一条《いちじょう》市場」があった。月極駐車場を経て２００１年7月29日正午に北の屋台がオープンした。ここがたとえば博多の屋台と決定的に異なるのは、道路法や道路交通法、食品衛生法といった屋台を取り巻く法規制をクリアしているという点である。[6]すなわち北の屋台は公道ではなく、民有地にあるため、道路法による行政からの道路占用許可も道路交通法による警察からの道路使用許可も不要であるということである。また、厨房部分も上下水道、電気、ガスが供給される固定方式とし、そこに移動式の屋台をドッキングさせる店舗の形態となっている。ビルとビルに挟まれた路地の両脇に、一見すると移動式の屋台があるという風情だろうか（写真４）。20店ある屋台の店主は3年の期限付きでここに入居しており、その

①北の屋台　②十勝乃長屋　③メイプル小路　④恵小路　⑤八丁堀
⑥新世界小路　⑦エイト街　⑧いなり小路

0　200m

図１　北の屋台と飲食店が集積する路地

ベースマップは地理院地図．図の範囲外だが西２条南４丁目に二条銀座という路地もある．

後は常設店舗や新たな事業などへと巣立っていくという仕組みだ。

それでは屋台を覗いてみようか。私たちは2022年10月に「華《はな》まめ」と「創家《つくりや》」の2軒の暖簾をくぐった。おりしも「ししゃも祭り」が開催されており、太平洋岸の広尾町《ひろおちょう》や大樹町《たいきちょう》などで水揚げされた新鮮なししゃもをはじめ道内の食材を存分に堪能することができた。北の屋台に関するエッセイなどをみると観光客以外に地元客にも愛されているそうだが、実際はどうであろうか。いずれの屋台も広さは3坪（9・9㎡）でカウンターのみ。店主や客との距離がとても近く、華まめでは私たち4名のほかに、帯広在住のご常連、釧路からの若者の観光客、それから広尾町のシシャモ漁師と歓談をしつつ、料理をいただいた。ししゃものてんぷらはほっくりして味わい深く、日本酒でもいいが十勝の白ワインもあうだろう。関西出身の店主がつくる料理はなかなかでコクのある土手焼きには十勝の赤ワインをあわせたい。しばらくここで楽しんで、2軒目の創家にはしごする。ここではししゃもの刺身、寿司をいただく。甘いししゃもの刺身に上川大雪酒造の「十勝 純米」を送りこめば格別だ。雌のししゃもの塩焼き、クジラの刺身などをアテに杯を重ねる。このようにして帯広の夜はふけていく。

帯広には北の屋台や十勝乃長屋《とかちのながや》のような、いわゆる「屋台村」以外に、飲み屋横丁、飲み屋小路ともいうべき路地もいくつかある。観光客にしかみえない私たちが入るのははばかられるが、西一条南八丁目の八丁堀《はっちょうぼり》や新世界《しんせかい》小路には、小料理屋やスナック、ラーメ

写真4　開店を待つ北の屋台
2022年10月21日山口撮影.

ン屋などが営業している（写真５、６）。

　このような「飲み屋の空間」や、そこで紡ぎだされる関係性は、さしずめ「夜の公共圏」(7)ということかもしれない。ハーバーマス的な「市民的公共圏」の議論でも、そこに、だれがアクセスできるか、だれが言説の資源を持ち得るのかということが焦点となり、ナンシー・フレイザーやセイラ・ベンハビブによる批判的検討も生まれた(8)。他方で、これらの公共圏は日中にあり、相対的に明るく、かっちりしたものであるようだ。入りにくさはあるかもしれず、ジェンダー化されているのだが、暮色につつまれ、もう少し弛《たゆ》みのあるそれがあってもいいように思われる。北の屋台にせよ、路地の飲み屋街にせよ、仄明《ほのあか》るい、薄暗いその空間がまだまだ現役であることを嬉しく思う。しかしながら取り壊されたビルの跡地が駐車場になり、それが目立っている。マルセイバターサンドで有名な六花亭《ろっかてい》本店や、あんバタサンで有名な柳月《りゅうげつ》本店はまだまだ元気なようだが、２０２３年１月に道内最後の地元資本であった藤丸《ふじまる》百貨店が閉店した。ショッピングモールも郊外に移転し、中心市街地の空洞化が著しい。このような流れに抗することは難しいが、新たに周到につくられた北の屋台と、どちらかといえば旧来型の路地の飲み屋街の双方が相補的な存在として今後もあってほしい、と願わ

写真５　八丁堀の飲み屋横丁
2022 年 10 月 22 日山口撮影.

写真６　新世界小路の飲み屋横丁
裏側に「新世界小路」と書かれている．2022 年 10 月 22 日山口撮影.

ざるを得ない。

（山口　晋）

［注］
（1）今回の帯広での現地調査は、目白大学社会学部地域社会学科地域・ひとづくりコースの「臨地研修」（参加者：武宮優太・宮岡伸之介・吉野佑哉）の一環として実施された。
（2）「地理」67巻11号では帯広とかち空港近くにあったアースハンモックである「十勝坊主」について解説されている。拙論とはかかわりが少ないかもしれないが、それが再発見され、保全される（あるいは消滅した）様が描かれており、地域文化資源として大変興味深い。詳しくは、小疇　尚（2022）「十勝坊主との出会い」地理67―11、18―26頁、および、澤田結基・川内和博（2022）「十勝坊主の再発見と十勝坊主をとりまく現状」地理67―11、27―33頁を参照。
（3）残りの2品種として白ブドウ品種の「甲州」が2010年に登録され、さらに2013年に黒ブドウ品種の「マスカット・ベーリーA」が登録された。
（4）ここではあまり触れられなかったが、いけだワイン城ではもちろん白ワインもつくられている。北海道後志で栽培されたソーヴィニオン・ブランは格別だし、同じく後志で栽培されたポートランド種による「町民用白ワイン」は和食によくあうコストパフォーマンスのよいワインである。さらに、寺谷（2015）では、北海道におけるワイン産地を通暁しつつも、とりわけ新たな動きがみられる余市と空知のワインづくりについて造り手にも迫りながら、詳述している。寺谷亮司（2015）「北海道におけるワイン産業の新動向―余市産地と空知産地を中心に」愛媛大学法文学部論集人文学科編39、69―114頁。
（5）倉原宗孝（2002）「まちなか活性化・まちづくりに向けた市民主体による事業への取り組みに関する考察―帯広市「北の屋台」を通じて」日本建築学会技術報告集8―16、303―308頁。
（6）石丸紀興（2004）「帯広市における「北の屋台」の特徴と意味―屋台政策の類型と今後のあり方に関する研究　その2」日本建築学会大会学術講演梗概集、299―300頁。
（7）谷口功一・スナック研究会編（2017）『日本の夜の公共圏―スナック研究序説』白水社。
（8）クレイグ・キャルホーン編／山本　啓・新田　滋訳（1999）『ハーバマスと公共圏』未來社。

［付記］本章で触れた能登地方で2024年1月に甚大なる地震が発生した。被災されたすべての皆様に心よりお見舞い申し上げます。

岩手県 盛岡市 商業地区が移動する「メンクイ」の街

◆「2023年に行くべき」都市

「都市は面白い。」そのようなことを授業などで言うと、きまって学生からは、都市のどのような点が面白いのかと尋ねられる。しかし、それを説明するのはなかなか難しい。というのも、様々な規模や特徴を有する都市があり、都市の面白さについては多様な観点から考えることができるからだ。また、どの点を面白いと感じるかは人それぞれであり、そして一つとして同じ都市はなく、それぞれの都市ごとの面白さがあるからである。

本章で採り上げる盛岡について、筆者が考える面白さを挙げてみる。まず、盛岡市の人口は28・4万人人（2023年5月1日時点の住民基本台帳の数値）であり、周辺地域の中核的な存在である。このような中核的な都市としての位置づけは、人口規模には大きな違いがあるが、筆者が『日本の都市百選　第1集』で採り上げた岐阜県高山市と共通する。その高山市の稿でも記したが、地域の中核的な都市であり、古くから経済的に発達してきた都市には地域コミュニティの担い手である名望家が存在し、それら担い手によって支えられてきた祭りなどの文化や風習が残っている。建築物や町割りなど景観にもその都市の特色が表出している。また、特徴的な食文化もみられる。実際に、盛岡には飾り付けやたくさんの鈴を付けた馬が街を練り歩く「チャグチャグ馬コ」や、太鼓や笛の音に合わせて舞い踊り、夏の風物詩となっている「盛岡さんさ踊り」など伝統的な祭りが存在する。宮沢賢治や石川啄木、新渡戸稲造などの文化人や教育者に縁のある都市でもあり、その足跡をたどることができる。江戸期や明治期に栄えた地区には町家や近代建築が現在も残存し、また形成時期の違いに由来する地区ごとの町割りや景観の差異も確認できる。そして、わんこそばなどの伝統的かつ特徴的な食文化を有する。

上述の点を中心に本章の内容の構想を考えていると、盛岡がニューヨークタイムズ紙の「2023年に行くべき52カ所」の2番目に選出されたとの記事が出た（1番目はロンドン）。その記事では盛岡の魅力として、大正期の建築物や近代的なホテル、伝統的な旅館、街なかを流れる河川、城跡の公園、わんこそば、こだわりのある店舗（コーヒー店、本屋、ジャズ喫茶）、周辺地域（田沢湖や温泉）が挙げられており[1]、筆者が考える盛岡の面白さとも合致する点がある。

上記のすべてについて触れることはできないが、以下ではいくつかの点から筆者が考える盛岡という都市の面白さについて考えてみたい。

◆時代により移動する商業地区

まず、盛岡の市街地について確認しておくと、中心部には北上川《きたかみがわ》と雫石川《しずくいしがわ》、中津川《なかつがわ》の三川が流れている（図1）。中心部はそれら河川に挟まれる形で広がっており、盛岡の都市形成の基盤となる盛岡城は北上川と中津川の間に建設された。

先に触れたニューヨークタイムズ紙の記事にあるように、盛岡は街歩きに適した都市であるが、それは主要な観光資源や商業地区が中心市街地にコンパクトにまとまっているからである。しかし、実際のとこ

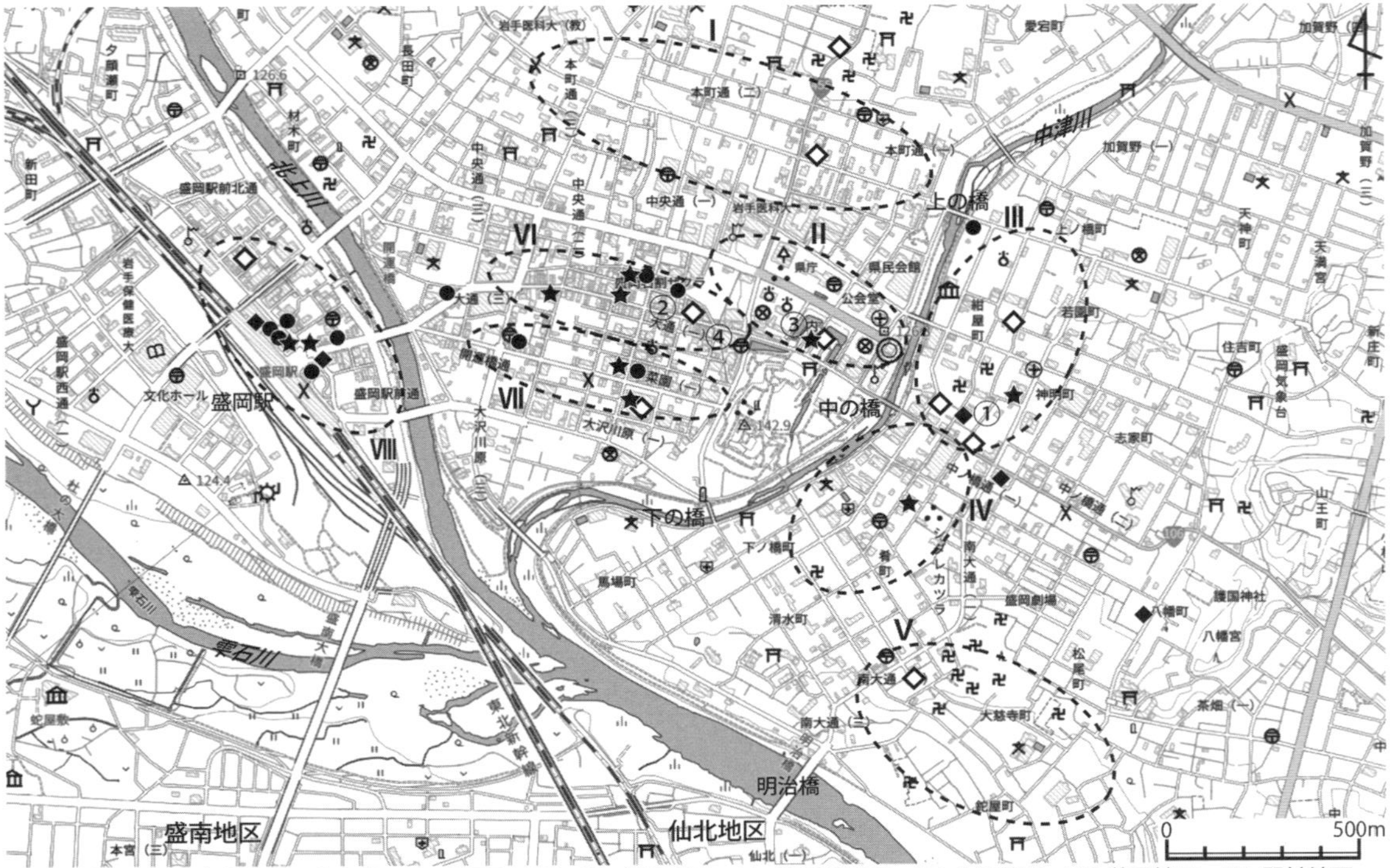

Ⅰ：本町地区　Ⅱ：内丸地区・官庁街　Ⅲ：紺屋町地区　Ⅳ：肴町地区　Ⅴ：鉈屋町地区　Ⅵ：大通地区　Ⅶ：菜園地区　Ⅷ：駅前地区
◆わんこそば　（◇は通常のそば）　●盛岡冷麺　★じゃじゃ麺　①：東家本店　②：食道園　③：白龍本店　④：ハンバーグのベル大通店

図１　盛岡の中心市街地と三大麺の店舗立地

盛岡三大麺協議会ウェブサイト（http://moriokasandaimen.com/，2023年5月31日最終閲覧）およびｉタウンページ，地理院地図Vectorより作成．

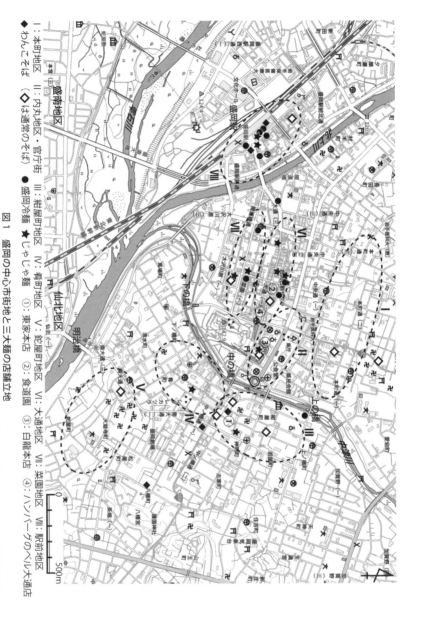

ろ、盛岡では郊外開発が盛んに行われてきた。市域北部の松園《まつぞの》地区などでは大規模な宅地開発が行われ、また、盛岡駅南側の盛南《せいなん》地区では１９９４年から２０１３年にかけて、住宅だけでなく商業や都市型産業の拠点開発を目的として、３００haを超える大規模な土地区画整理事業（盛岡南新都市開発整備事業）が実施されてきた。そして、それら郊外地域と中心市街地とを効率的に結ぶために、ゾーンバスシステム（基幹バスと支線バスに分離）が採用されている。それらの点も盛岡という都市を考えるうえでの特徴である。ただし、紙幅の関係上、本稿では郊外地域については触れず、中心市街地に焦点を当てて盛岡の面白さを記していく。

図１は盛岡の中心部を表している。現在、盛岡における高次の商業地区は図中Ⅵの大通《おおどおり》地区やⅦの菜《さい》園《えん》地区、Ⅷの駅前地区に相当するが、それらの地区は古くから商業地区であったわけではない。盛岡では都市構造や交通手段の変化によって、時代ごとに商業地区の場所が移ってきた。

この地に不来方城《こずかたじょう》（後の盛岡城）ならびに城下町が建設された１６００年代はじめにおいては、町人地であった図１のⅠ（現在の本町《ほんちょう》地区）に商業集積があったが、１６２６年に現在の明治橋のやや下流付近に河岸が設けられ、その付近に北上川を跨ぐ橋が架けられたことから、図１のⅤ（現在の鉈屋町《なたやちょう》地区）付近には穀物を保管する蔵が設けられた[2]。また、鉈屋町付近は奥州街道や遠野街道、宮古街道が交わる場所であったことからも、この場所が城下と対岸の仙北地区、そして各地を結ぶ流通の拠点となっていった。現在でも町家が残るなど往時の町並みをしのぶことができるとともに（写真１）、それらを活かしたまちづくりが展開されている。鉈屋町地区の発展に伴って、商業地区の中心は図１のⅢ（紺屋町《こんやちょう》地区）やⅣ（肴町《さかなちょう》地区）といった中津川左岸（河南地区）に移動した。

明治期になると、図１のⅢには盛岡銀行本店（現・岩手銀行赤レンガ館）が立地するなど業務地区化し、商業地区の中心はⅣに定まっていった。Ⅳの肴町地区は流通の拠点のⅤに近接していることもあり、以降、中心商業地区として発展していくことになる。戦後には盛岡で唯一のアーケードが設置され、また大型商業施設（「川徳デパート」など）が立地していたことからも、その繁栄が確認できる。なお、大型商業施設は２０１９年に閉店し、２０２３年６月現在、都市再開発のためにその建物の取り壊し工事が行われている。

１８９０年に現在の地に盛岡駅が建設されると、流通の拠点がしだいにⅤからⅧの駅前地区に移っていったが、Ⅷが既存の市街地とやや離れていたこともあり、すぐには都市構造の変化は起きず、商業地区の中心はⅣのままであった。しかし、１９３０年に大通りが建設され、その後中央通りの拡幅や菜園地区（図１のⅦ）の市街化が進むと、Ⅱ（内丸地区・官庁街）の業務地区化およびⅥとⅦの商業地区化が進行していくことになり、戦後には業務地区の中心がⅢからⅡへ、商業地区の中心がⅣからⅥ・Ⅶへ移動した。ただし、先述のとおり、Ⅳの商業地区の機能は完全には失われず、二つの商業地区の核を有する構造となった。

都市開発が展開される前のⅥやⅦについて記すと、これらの地区は元々は北上川の旧河道であった。１６７５年に北上川の付け替えが行われて現在の流路となり、ⅥとⅦは城下町に組み込まれた。なお、菜園地区の名称は、同地が南部藩の野草園・薬草園として利用されていたことに由来する。これらの地区が旧河道であったことの痕跡は現在でも確認することができ、図１中の盛岡城跡公園（かつての岩手公園）の西端から北北西方向と南南西方向に伸びる道路は旧河道の縁にあたる。１９４９年発行の『盛岡市街要

写真１　鉈屋町地区における町家の町並み
2023 年 6 月 5 日小原撮影.

図』では、旧河道の縁にあたる部分には水路が見られることから、それら水路を道路に変えたことが理解できる。

また、1956年には大通りが盛岡城跡公園を横切る形で中ノ橋まで延伸されたことで、Ⅲ・Ⅳ・Ⅴの中津川左岸の旧来からの市街地と新たに開発されたⅡ・Ⅵ・Ⅶの地区、そして盛岡駅前のⅧがつながる形となった。なお、この大通りの延伸によってⅣとⅥ・Ⅶが融合する形で発展したことで、戦後もⅣが商業地区としての機能を有することができた。

しかし、1982年に東北新幹線が開通したことでⅧの商業機能はさらに強くなり、その結果、ⅣからⅥやⅦ、Ⅷへの商業機能の重心移動が進んだ。ちなみに、大通地区には某ファミリーレストランの1号店が立地している(図1の④)。さらに、郊外地域のロードサイドに大型商業施設をはじめとする商業機能が移ったことにより、Ⅳの商業機能の空洞化が進んだ。なお、商業機能の郊外化の影響はⅥやⅦにもみられ、両地区では街区の内部だけでなく通りに面する区画においても、駐車場としての土地利用が目立つようになっており、空洞化の進展が確認できる。

◆「メンクイ」の街の実態

食の面から盛岡の特色を考えると、「盛岡三大麺」であるわんこそばとじゃじゃ麺、盛岡冷麺を取り上げないわけにはいかない。この「盛岡三大麺」とのフレーズからして、盛岡の人は麺類が好きだと考えられる。実際に盛岡の街を歩くと、そこかしこにそれらの麺類の飲食店を見かけるし、またお土産屋を含む物販店では必ずといってよいほどそれらの商品が販売されている。これらの点を考慮すると、盛岡の人の麺類の消費金額はきっと大きいであろうと推察される。ただし、それらは観光客向けの食べ物であるとも考えられるが、実際のところはどうなのであろうか。

　表1は家計調査報告（2020年～2022年の平均値）における麺類に関する年間の消費金額の上位10都市を示している。なお、家計調査における都市ごとのデータは全国のすべての都市について集計されているのではなく、政令指定都市および県庁所在都市の計52都市が対象となっている。まず、麺類（全般）のデータでは、盛岡は23・1千円ほどで山形に次いで2番目に消費金額が大きい。中華麺に限れば6・5千円の消費金額で全国1位となり、全国で最も食されていることがわかる。外食における中華そばの消費金額も7・5千円と大きく、外食全般の消費金額が全国でも下位（47位）に位置していることからも、外食での中華そばの消費が突出しているといえよう。また、表では示していないが、カップ麺の消費金額（6・6千円、全国5位）や他の麺類（0・9千円、全国7位）も消費金額は上位に位置する。以上から、データからみても盛岡を「メンクイ（麺喰い）」の街として位置づけることができる。

　そもそも、なぜ盛岡でそれらの三大麺が食されるようになったのであろうか。まずは、その経緯を整理しておく[3]。わんこそばは第19代内閣総理大臣の原敬《はらたかし》に由来し盛岡を起源とする説と、南部《なんぶ》藩主であった南部利直《としなお》に由来し花巻を起源とする説、そし

表1　盛岡における麺の年間消費金額（2020年～2022年平均）

順位	麺類（全般）		中華麺		外食（全般）		外食（中華そば）	
	都市	金額（円）	都市	金額（円）	都市	金額（円）	都市	金額（円）
1	山形	25,143	盛岡	6,540	都区部	192,437	山形	13,096
2	盛岡	23,073	山形	5,948	岐阜	179,978	新潟	12,562
3	新潟	23,022	青森	5,851	名古屋	177,784	仙台	9,775
4	高松	22,841	秋田	5,573	さいたま	171,154	宇都宮	9,717
5	青森	22,564	静岡	5,232	川崎	163,736	青森	9,501
6	秋田	22,456	仙台	5,181	金沢	162,286	秋田	8,835
7	横浜	22,110	横浜	5,122	千葉	153,032	福島	8,251
8	福島	21,976	さいたま	5,111	神戸	152,874	金沢	8,088
9	富山	21,606	都区部	5,058	大津	152,779	長野	7,637
10	宇都宮	21,220	金沢	5,050	横浜	149,267	盛岡	7,479
47	—	—	—	—	盛岡	105,579	—	—
—	全国平均	20,130	全国平均	4,556	全国平均	134,268	全国平均	5,891

注：家計調査報告より作成.

て岩手の風習である「そば振る舞い」に由来する説がある。[4]どの説にしろ、盛岡およびその近辺においてそばの栽培が盛んであり、宴席で振る舞われる料理であった点は共通する。

盛岡冷麺発祥の店舗は大通地区に立地する食道園（図1の②）といわれる。1954年に朝鮮半島出身で当時の店主であった青木輝人《てると》氏が、試行錯誤のうえ盛岡冷麺を開発したとされる。その当時は盛岡冷麺との名称はないことから、平壌冷麺と呼ばれていた。現在でも店舗の暖簾や箸袋には「元祖平壌冷麺」と書かれており（写真2）、開発当時の名残がうかがえるとともに、盛岡冷麺の発祥の店舗であることが強く意識されていることがわかる。

じゃじゃ麺は内丸《うちまる》地区に立地する白龍《ぱいろん》（図1の③）の初代店主である高階貫勝《たかしなかんしょう》氏が戦前に旧満州で食していた炸醤麺を、盛岡への引き揚げ後にアレンジして作成したのがはじまりとされる。なお、白龍本店がある場所は旧盛岡城の下曲輪《しもくるわ》に該当し、現在は櫻山神社の参道にあたるが（写真3）、この場所は第二次世界大戦の終戦直後に中国大陸からの引き揚げ者によってバラック店舗が建てられ、商業地区化した所である。[5] 1956年の大通りの延伸時、およ

写真3　内丸地区（下曲輪）の景観と白龍本店の概観
入口に行列ができているのが白龍本店，奥に見えるのは櫻山神社とその鳥居．2023年6月5日小原撮影．

写真2　「元祖平壌冷麺」の食堂園
2023年6月5日小原撮影．

び２０１０年の盛岡市による「櫻山神社参道地区の将来像について」との整備計画時において、この場所の整理および整備が検討されたが、住民などの強い反対運動により、実施には至らなかった[6]。その結果として、この場所は周辺地域とは異なるレトロな雰囲気を有する場所となっている。

次に、盛岡の中心部における三大麺の飲食店の立地を確認する。先に挙げた図１に三大麺を食することができる飲食店の場所を記してある。なお、一部の資料を基に作成しているために網羅的な情報ではない点、また、図の範囲である盛岡の中心部のみの情報である点はご容赦いただきたい。まず、わんこそばを食べることができる店舗は図中のⅢやⅣの周辺あるいはⅧの盛岡駅周辺に限られている。図で示すように一般的なそばが食べられる店舗は広く分布するが、わんこそばとなると限定的である。わんこそばを食する際には客一人一人にお給仕さんが付くために多くのスタッフが必要となり、また大量の椀を置くスペースを要することから、規模の大きな店舗でしか対応できないことが理由として考えられる。現在のわんこそばはイベントや娯楽的な要素が強く、観光客向けといえよう。なお、店舗によって異なる点はあるが、参加者には証明書などが発行される（写真４）。筆者はわんこそばの代表的な店舗（図１の①）にて体験した。

盛岡冷麺についても、図１のⅥやⅦ、Ⅷといった現在の繁華街に店舗が立地している。ただし、盛岡冷麺は冷麺のみの専門店というよりも、焼肉店のメニューの一つとして食べることができる。したがって、図の情報は焼肉店の分布として考えて差し支えない。焼肉店は図１の範囲外の郊外地域のロードサイドに

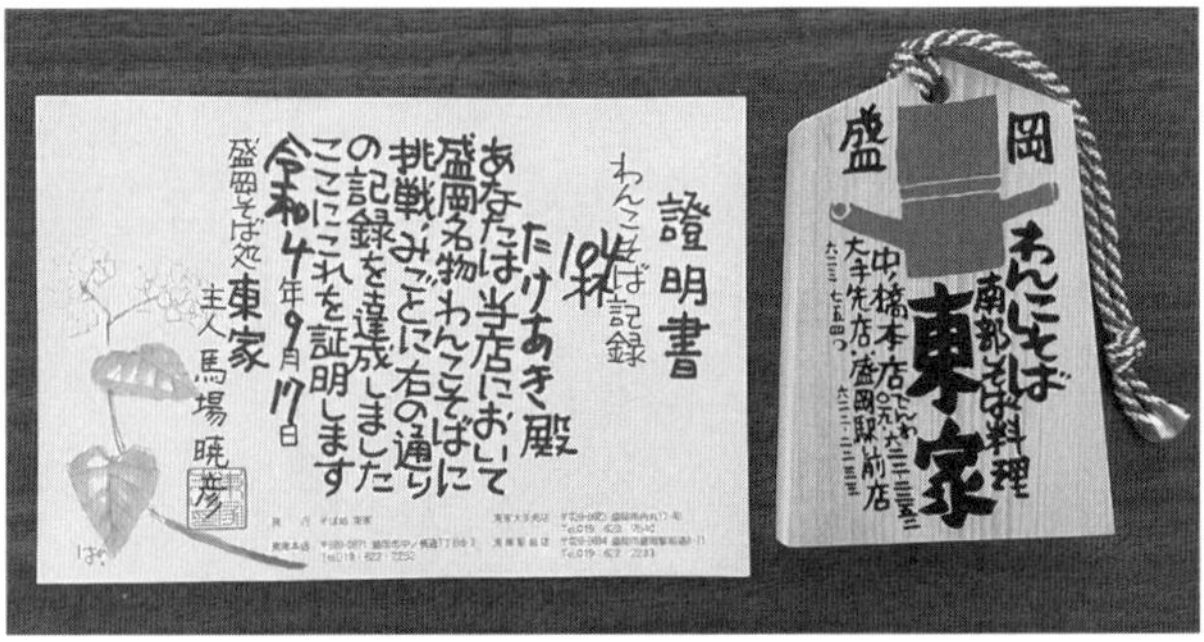

写真４　わんこそば（東家）の記録証明書と手形
大人は100杯以上食べると手形がもらえる．なお，写真の証明書と手形は筆者が身体を張って体験した成果である．2022年９月17日小原撮影．

も多くの店舗があることから、実際のところは、盛岡冷麺は盛岡の広範な場所で食べることができると考えられる。ちなみに、上述のとおり、郊外地域を含めると盛岡には焼肉店が多く、肉の消費が多い「肉食系」の街との印象があるが、家計調査報告（2020年～2022年の平均）によれば、盛岡における肉類全般の年間消費金額は81・6千円（全国平均97・5千円）であり52都市中48位、牛肉にいたっては11・4千円（全国平均23・1千円）であり全国最下位であることから、データ上は「肉食系」の街ではない。

最後に、じゃじゃ麺についても、わんこそばや盛岡冷麺と同様に図のⅥやⅦ、Ⅷの繁華街で食べることができるほか、別の地区にも店舗が立地しており、集積傾向はみられない。わんこそばや盛岡冷麺（＝焼肉）に比べて、じゃじゃ麺は安価でありファストフードとしての側面が強いことから、比較的に立地に偏りがみられないと考えられる。

◆商業地区の移動の理由と痕跡

以上、商業地区の移動と食（メンクイ）の観点から、盛岡の都市について考えてみた。冒頭で記したように、他の観点からも盛岡を読み解くことができよう。当然、盛岡に限らず他の都市でも同様である。本書の読者の皆さんには、各章でそれぞれの筆者が採り上げた観点だけでなく、皆さんなりの観点でその都市の読み解き方を考えてもらうと有意義かと考える。そのように本書を活用してもらうと嬉しい。

最後に、本章の観点であった商業地区の移動について整理する。商業地区の移動は自然発生的に生じる場合と計画的に誘導される場合があるが、どちらにしろ、その都市において社会経済的な変化や政治・政策的変化によってもたらされる現象である。したがって、商業地区の移動は空間的かつ社会経済的、政治・政策的、および動態的な現象であることから、単に都市地理学的な視点でとらえるだけではなく、経済地理学的な視点や社会地理学的視点、政治地理学的視点も併せてとらえる必要があるといえよう。また、商業機能が他地区へと移動してしまった元の地区では商業機能の空洞化が進展するなどネガティヴな側面が強い。しかし、かならずしもそうとは限らない。商業地区としての経験を経て別の機能を有する地区へと変貌することもある。また、商業機能が完全に失われるわけではなく、残存する店舗は新たな状況に適応する形で発展するケースもみられる。ミクロな視点が必要となるが、そのような見過ごされがちな点に目を向けるのも都市の見方として面白いかと考える。

（小原丈明）

［注］

（1）岩手県のウェブサイトにはニューヨークタイムズ紙に掲載された盛岡の推薦文の和訳とともに、推薦人による盛岡の魅力に関する詳細な記事が掲載されている（https://www.pref.iwate.jp/sangyoukoyou/kankou/1059946/1061603.html、２０２３年５月31日最終閲覧）。
（2）商業地区の移動の内容については、主として次の文献を参照した。梅林　巖・阿部　隆（１９８１）「旧城下町盛岡の市街地形態の変化と都心地区の形成」東北地理33、１６０―１６９頁。
（3）以降の三大麺の由来などに関する記述は盛岡三大麺普及協議会のウェブサイト（http://moriokasandaimen.com/、２０２３年６月３日最終閲覧）を参照した。なお、別の資料を参照した場合は、参照元を別途記載している。
（4）にっぽんの郷土料理観光事典（https://kyoudo.kankoujp.com/wanko-soba/、２０２３年６月２日最終閲覧）を参照。
（5）盛岡の歴史を語る会（１９７９）『もりおか物語（９）―内丸・大通かいわい』熊谷印刷出版部。
（6）赤崎　淳（２０１５）「城下町におけるまちづくりとアクターとの関係と認識―岩手県盛岡市桜山神社参道地区を事例に」２０１４年度法政大学文学部地理学科卒業論文（未公刊）。

新潟県 新潟市

港町として発展した本州日本海側最大の都市

◆本州日本海側最大の都市・新潟

本章で紹介するのは新潟県の県庁所在地である新潟市である。本州日本海側最大の人口（77万0893人、2023年4月30日現在）を有する都市であり、本州日本海側唯一の政令指定都市である。高度経済成長期に入り、企業の全国展開が進むなか、北陸地方、甲信越地方を管轄する支店の立地により成長してきた都市でもある。こうした都市的な面にとどまらず、米どころゆえに全国的に知られた米菓製造企業が複数立地するとともに、ル レクチェなどの果樹栽培も盛んな都市である。このような多様な姿をみせる新潟市のなかでも、今回は港に目を向けてみたい（図1）。

◆新潟港の発展

新潟市は、信濃《しなの》川、阿賀野《あがの》川の河口に位置するゆえに、内陸部の物資を運び出したり、他地域からの物資を運び込んだりする際の拠点として栄えてきた。江戸時代のはじめには、信濃川、阿賀野川それぞれの河口に、長岡藩が支配する新潟町、新発田《しばた》藩が支配する沼垂町《ぬったりまち》が商業港として栄えていた。１６３１年の

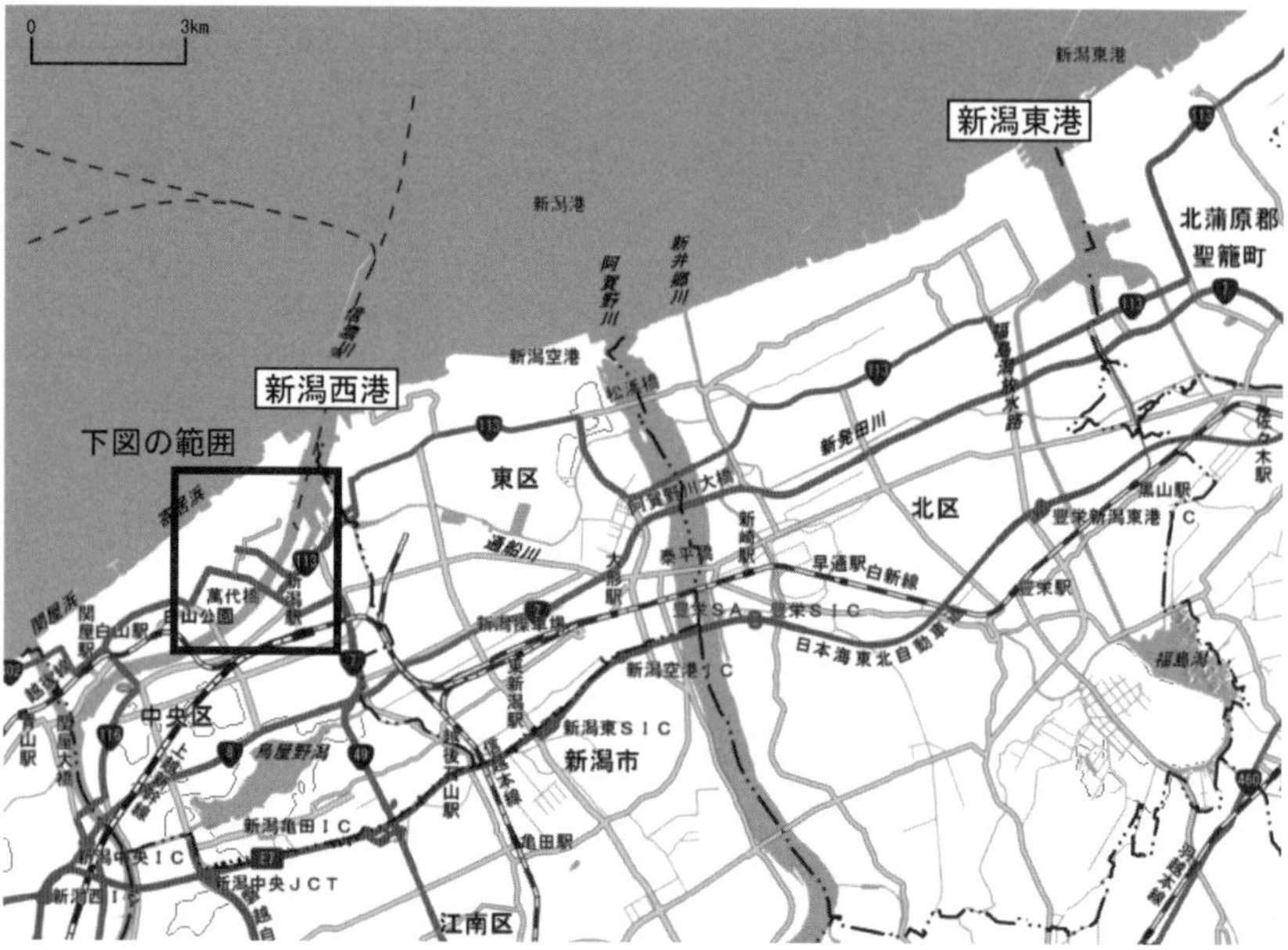

図１　対象地域の概要
地理院地図に加筆.

洪水により阿賀野川河口が信濃川河口に合流した結果、河口の使用権は新潟町が独占することになり、以後、沼垂町は商業港としての機能を失っていった。新潟町は、近世を通じてこの地域の商業港として繁栄を極めた。幕末（１８４３年）には、増加してきた外国船に対応することなどのため、新潟町の支配が長岡藩から幕府へと移った。

1858年、アメリカ合衆国、イギリス、フランス、オランダ、ロシアとの間に修好通商条約が結ばれ、函館、神奈川、兵庫、長崎とともに新潟も開港されることとなった。日本海側唯一の開港場ではあったが、浅い水深や強風、荒波など開港場としては不利な条件もあり、開港に向けて諸外国と交渉すべき点は数多くあった。戊辰戦争などの情勢不安も重なり、正式に開港したのは1869年であった。

開港後、貿易貨物の取り締まりや関税業務を行う運上所《うんじょうしょ》が設置された。運上所は後に税関と名称変更される。新潟税関は、修好通商条約により開港した港のなかで、当時の税関庁舎のまま現存する唯一のものである（写真1）。

20世紀初期の築港以来、新潟港周辺には工業機能が集積してきた。戦後の高度経済成長期に入ると、船舶の大型化などで従来の新潟港の拡張が困難になってきたため、新たに新潟市と聖籠町《せいろうまち》にまたがる臨海部に新潟東港（写真2）が開発された。これに伴い、従来の新潟港は新潟西港と呼ばれるようになった（写真3）。

新潟地区が新産業都市に指定され、新潟東港がその中核に位置づけられたこともあり、新潟東港には工業、エネルギー関連施設の新規立地がすすんだ。一方、新潟西港では、大型フェリーターミナルが立地するなど脱工業化がすすみ、新潟東港との棲み分けが明確になっていった。2000年代に入ると、国際会議場、展示室、ホテルなどの入った複合一体型コンベンション施設の朱鷺《とき》メッセが万代島《ばんだいしま》にオープンし、国際交流機能も強化された。

写真1　旧新潟税関庁舎
2011年稲垣撮影.

このように、新潟の発展は新潟港（西港、東港）が牽引してきた部分が大きいと考えられる。以下では、新潟港を含む地域に着目しながら新潟の変化を追っていくことにする。なお、新潟東港における聖籠町の重要性は大きいため、新潟市とともに北蒲原《きたかんばら》郡聖籠町も考察対象とする。

◆都心の新潟市中央区と工業町の聖籠町

図2は、新潟県の市区町村別の昼夜間人口比率を示したものである。新潟市の都市圏に含まれない市町村のいくつかにおいて100を超えているところがみられるが、新潟市内の行政区や隣接市町村では100を超えるところがほとんどない。後述のように、新潟の都心部への通勤圏に含まれるからである。120を超えるのは、新潟市中

写真2　新潟東港
2023年稲垣撮影.

写真3　新潟西港
2023年稲垣撮影.

央区と聖籠町だけである。中央区は、新潟西港の一部を形成するというだけでなく、新潟市の中心業務地区を形成する都心区であるため高率になっている。以前は農業中心の小規模な町にすぎなかった聖籠町は、1960年代の新潟東港の造成により工業町へと変貌した。昼夜間人口比率の高さは、新潟東港周辺の工業、エネルギー施設による部分が大きいと考えられる。

一方、新潟西港の一部を含む東区、新潟東港の一部を含む北区の昼夜間人口比率は100を下回っている。これらの区には、港湾部の工業機能に加え、内陸部には住宅地が広がっている。新潟市中央区など他地域への通勤者が多く居住していることから、昼夜間人口比率は低く抑えられているとみられる。

表1は、中央区、東区、北区、聖籠町について、従業地ベースによる就業者数の産業別構成比を、表2は職業別構成比を示したものである。産業とは、職場がどのような業種であるかを示すものであり、職業とは、職場で各自が行っている仕事の内容を示すものである。産業をみると、中央区においてはサービス業の割合が、聖籠町においては製造業や運輸業・郵便業[1]の割合が、それぞれ他地域に比べて高いという特徴がみられる。職業をみると、管理・専門・技術や事務といったいわゆるホワイトカラーの職種が中央区において高く、生産工程や運輸・機械運転が聖籠町において高い。これらの特徴は、都心としての性格の強い中央区と、新潟東港としての性格の強い聖籠町をそれぞれ明瞭に示すものである。

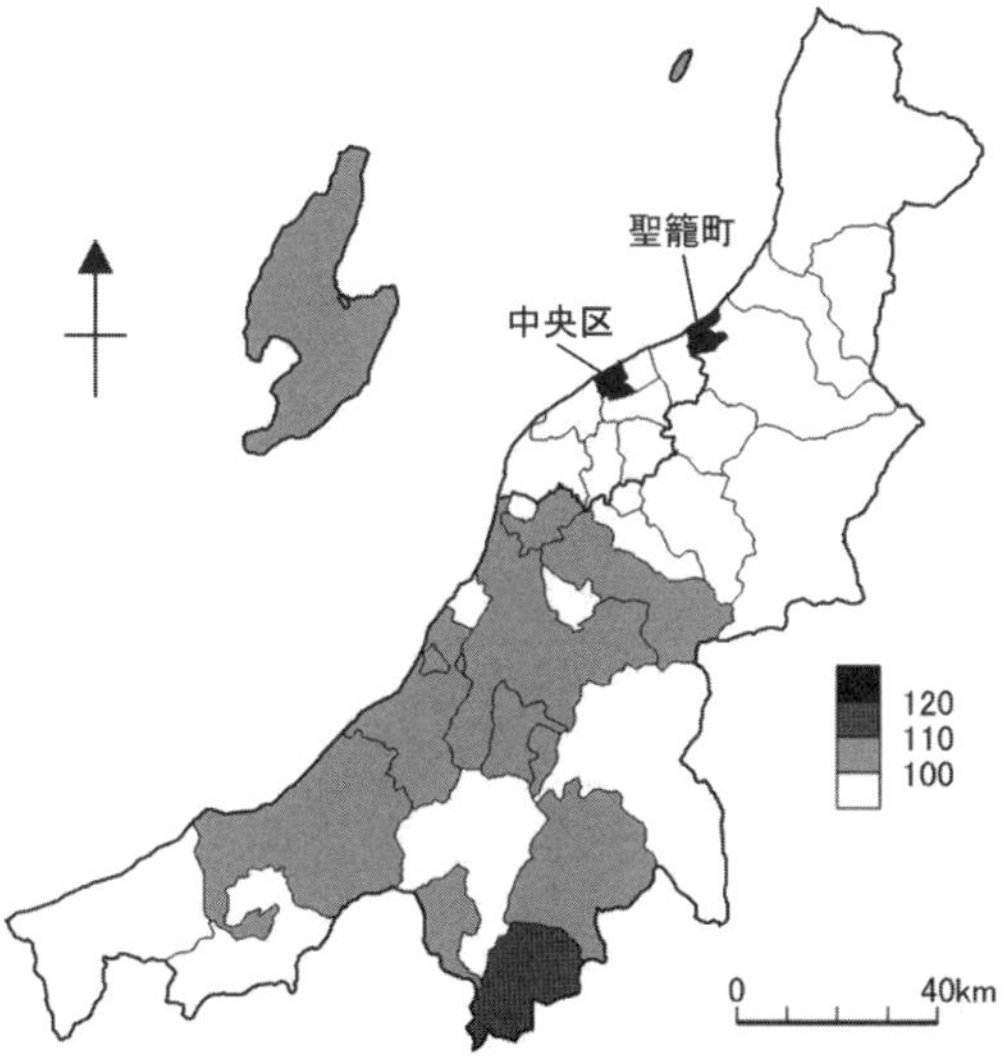

図2　市町村別の昼夜間人口比率（2020年）
国勢調査により作成.

東区や北区は、中央区、聖籠町ほど特定の業種、職種に特化していない。港湾地区、商業地区、住宅地区などがバランスよく存在するためである。東区には新潟空港が立地するが、少なくとも上記の産業分類、職業分類からはその特徴は十分には見出せない。

昼夜間人口比率が高く、就業地としての性格が強い中央区と聖籠町に絞って、通勤流動についてみていきたい。表3は、中央区、聖籠町それぞれで就業する人の常住地を構成比で示したものである。中央区で

表1　従業地ベースによる就業者数の産業別構成比（2020年）

	中央区	東区	北区	聖籠町
農林漁業	0.3	0.7	4.5	4.0
建設業	7.6	10.3	11.6	10.0
製造業	3.5	16.3	21.0	40.0
運輸業・郵便業	4.3	8.0	8.0	13.4
卸売・小売業	17.1	20.0	13.7	6.0
金融・保険業	5.2	1.1	0.8	0.5
サービス業	52.2	38.1	35.2	20.4
その他	9.7	5.4	5.2	5.6
合計	100.0	100.0	100.0	100.0
就業者総数（人）	126,460	55,542	32,390	11,866

注：サービス業には運輸業・郵便業は含まない．国勢調査により作成．

表2　従業地ベースによる就業者数の職業別構成比（2020年）

	中央区	東区	北区	聖籠町
管理・専門・技術	22.9	15.3	15.2	12.0
事務	29.3	17.4	15.3	15.6
販売・サービス	27.6	24.6	19.0	10.2
生産工程	5.1	16.9	19.3	32.3
運輸・機械運転	2.3	5.6	6.9	9.9
その他	12.9	20.2	24.2	19.9
合計	100.0	100.0	100.0	100.0
就業者総数（人）	126,460	55,542	32,390	11,866

国勢調査により作成．

表3　中央区，聖籠町で就業する人の常住地（2020年）

中央区		聖籠町	
就業者合計（人）	126,460	就業者合計（人）	11,866
新潟市中央区	48.4%	新潟県聖籠町	28.2%
新潟市西区	13.5	新潟県新発田市	25.9
新潟市東区	11.4	新潟市北区	13.5
新潟市江南区	5.2	新潟市東区	9.7
新潟市秋葉区	4.2	新潟県胎内市	4.5
新潟市北区	3.3	新潟市中央区	4.0
新潟県新発田市	2.0	新潟県村上市	2.8
新潟市南区	1.5	新潟市江南区	2.5
新潟市西蒲区	1.5	新潟市西区	2.3
新潟県阿賀野市	1.1	新潟県阿賀野市	2.1
新潟県五泉市	1.0	新潟市秋葉区	1.5

注：常住者１％以上の市区町村のみ示した．国勢調査により作成．

就業する人の約半数は中央区内に常住しており、隣接する西区、東区の常住者を含めると約7割に及ぶ。中央区や周辺の行政区の人口がもともと大きいため、中央区内の雇用の多くを近隣地域で満たせているといえる。

一方、もともと人口規模の小さいところに新潟東港に関連する多くの企業が立地した聖籠町の場合、それらの雇用を聖籠町内居住者だけで満たすことは困難である。その分、周辺地域からの通勤者によって補われる。そのため、聖籠町内の常住者は3割弱に過ぎず、残りの7割強は他市区町村からの通勤者である。とりわけ新発田市に常住する人は25・9%と、聖籠町内常住者（28・2%）とほぼ同程度を占めている。新潟市内に常住する人は多くない一方で、聖籠町からみて新潟市とは反対側（北東側）に位置する胎内《たいない》市や村上市などの常住者が一定数存在する。新潟市内には豊富な雇用が存在し、新潟市常住者が聖籠町にわざわざ通勤する必然性が小さいためであろう。このように、聖籠町の雇用は、新潟市とは反対側の地域の人々によって満たされている。

◆都心の変貌

欧米諸国との修好通商条約締結に伴う開港以降、新潟港（西港）周辺は、近代的発展の核として機能してきた。先に述べたように、工業機能の中心は新潟東港に譲ったものの、新たに新潟都市圏における都心機能、国際交流機能に特化した地区となった。

新潟の歴史的な中心地という場合、信濃川河口の左岸地区（新潟町）のことを指すことが多い。新潟税関（写真1）が設置されたのも左岸である。左岸のなかでも、中心市街地を形成するのが古町《ふるまち》地区である。周辺には、民間企業のオフィス、金融機関、行政機関などが集積し、CBDと呼ぶにふさわしい地区である。

商業集積も顕著であり、古町通り沿いには、１km以上に及ぶ商店街が形成されている。新潟のなかで最も歴史のある商店街の一つといってもよい。このなかの古町５番町には、新潟市出身の漫画家である水島新司《みずしましんじ》氏の作品に登場する人物の銅像が並べられており、「水島新司まんがストリート」として知られている（写真４）。残念ながら、近年は古町地区の衰退が進んでおり、当地区に立地していた新潟三越百貨店も、２０２０年に閉店となった。跡地には、商業施設、オフィス、分譲住宅などからなる高さ１５０ｍの超高層ビルが建設される予定である。分譲住宅の供給戸数は３００戸であり、新潟市における都心回帰を牽引するものと思われる。

　信濃川河口の右岸地区に位置する沼垂町は、江戸時代に河口の使用権を新潟町に奪われたことにより衰退したが、新潟において最初に開業した鉄道駅は沼垂駅であった（１８９７年開業）。１９０４年には、沼垂駅から延長され、現在の新潟駅の北２００ｍほどのところに新潟駅が開業した。とはいえ、新潟駅周辺にはすぐに都市機能は立地せず、左岸に位置する新潟町の優位は長らく揺るがなかった。右岸地区の本格的な発展は、新潟駅が現在地に移転した１９５８年以降である。高度経済成長のさなか、新潟港の発展も重なり、新潟駅周辺にはオフィスビルが立地するようになった。１９８２年の上越新幹線開業も、この流れに拍車をかけた。

　信濃川河口の左岸地区（古町）と右岸地区（新潟駅）を結ぶ万代橋の東詰では、１９７０年代に入って再開発がすすんだ。万代シテイの名称で、バスセンター、大型商業施設などが集積する新都心としてにぎわ

写真４　古町商店街の水島新司まんがストリート
漫画「ドカベン」主人公である山田太郎の像．2023 年稲垣撮影．

いをみせる地区に成長した。伝統ある古町地区に比べ、万代シテイには、若者向けの店舗が集積している。この万代シテイの誕生により、現在の新潟の都心は、古町、万代シテイ、新潟駅からなる3極構造になった。

◆本州日本海側最大の都市・新潟の将来

太平洋側を表日本と呼ぶのに対し、日本海側を裏日本と呼ぶことがある。アメリカ合衆国をはじめとする主要国と直接的な結びつきのある太平洋側に対し、そのような結びつきの弱い日本海側を表すネガティブな用語でもある。こうした状況を克服するため、日本海を取り巻く国々の結びつきを、「環日本海地域」の名の下で高めていこうとする動きが１９８０年代以降みられるようになった。これに先立ち、新潟港は、１９６７年に日本海側で最初の特定重要港湾（外国貿易上とくに重要な港湾。現在の国際拠点港湾）に指定され、日本海沿岸諸国との貿易上重要な役割を果たしてきた。新潟市は、それらの国との友好都市連携、定期航空路の開設などもすすめてきた。

環日本海地域をめぐる現状は、近年の国際情勢からは困難な部分が少なくないが、状況次第では、太平洋側の都市にはない利点も持ちうる。最初に述べたように、新潟市は人口77万人を数える本州日本海側最大の都市であるため、新潟市に寄せられる期待は大きい。万代島における国際交流機能の充実は、将来的な環日本海地域の発展には重要な役割を担うと考えられる。

（稲垣　稜）

［注］

（1）ここでは、運輸業・郵便業はサービス業には含めていない。

福井県 福井市 人々が織りなす幸福な都市

◆全国で最も影が薄い地域

２０２４年3月、北陸新幹線が金沢から敦賀《つるが》まで延伸された。新幹線の開通に合わせ、福井県を訪れようという読者も少なくないであろう。本章で福井をとりあげた理由は、北陸新幹線の延伸に合わせたからではない。２０２３年度にたまたま筆者が受け持つ3年ゼミにおいて、福井を調査対象地域に設定したからである。調査テーマは「スポンジ化する地方都市の現状」であり新幹線との関連性は薄い。

さて、筆者と福井との関係から述べさせていただきたい。筆者は、大学時代、自転車で日本全国や海外をまわっていた。大学2年生の夏に、鹿児島から北海道の稚内《わっかない》まで日本縦断を試みた。日本海回りのルートをとった途上に福井はあった。福井のビジネスホテルで一泊したが、それ以外の記憶はほとんどない。それから20年の月日が経ち、筆者にとって福井は空白の地であった。

筆者と同様、福井は総じて印象が薄い地域らしい。ブランド総合研究所が毎年発表している「都道府県魅力度ランキング」において、北陸の石川県や富山県は比較的上位に位置しているのに対し、福井県は30位以下に甘んじている。２０２３年に至っては38位である。また２００２年に帝国書院が小学生を対象に行った都道府県の認知度調査では、福井県の認知度は27・６％で全国最下位であった。

以上のように、福井県やその県庁所在都市である福井は、外部から魅力ある地域と認識されているとは言い難い。しかし、その地域が外部からどう見られているかというのは、地域を評価する一つの指標でしかない。むしろ地域にとって重要なことは、外部からの評価ではなく、住民たちが日々の生活をどう感じているかである。

北陸新幹線延伸を通して、福井が変わろうとしている。それが福井に福を呼び込むことになるのか。福井にとって大きな転換点を迎えるこの時に、地域にとって何が大切かを福井から考えてみたい。

◆連戦連敗の歴史

福井が華々しさに欠けるのは、その歴史ゆえかもしれない。都の周辺というのは、防衛や資源の供給において重要であるにもかかわらず、その陰に隠れてしまう傾向にある。

ＮＨＫの大河ドラマでは、おおよそ3年に一度の頻度で戦国時代が舞台となる。そのなかで必見の場面が柴田《しばた》勝家《かついえ》の居城であった北庄《きたのしょう》城の落城シーンである。また、鎌倉後期から南北朝時代を描いた『太平記』（１９９０年）でも、足利《あしかが》勢に追われた新田義貞《にったよしさだ》が最終的に現在の福井で討たれている。さらに織田信長に抗い、滅ぼされることになる朝倉《あさくら》氏が本拠を置いた一乗谷《いちじょうだに》も福井の南東部に位置する。福井は常に敗北シーンの舞台であった。

福井のかつての呼び名は北庄《きたのしょう》である。その名称が改められたのは越前松平《まつだいら》家三代藩主の松平忠昌《ただまさ》のときである。それは「北荘の北は敗北につながり縁起が悪い」というのが理由であったという。福井（居）という地名には、為政者の幸福への願いが込められている。

◆現在の福井の基盤を築いた織物産業

江戸時代の福井の人口は、17世紀の最盛期には4万人にも達し、日本でも屈指の人口を有していた。また現在の福井城址は、内堀を残すのみとなってしまったが、かつては4重5重の濠に囲まれ、中央には壮大な天守閣が威容を誇る堅牢な城だった（写真1）。

近代の福井の繁栄を支えたのは、輸出用の羽二重《はぶたえ》生産の成功であった。現在の福井は繊維産業の街として知られているが、じつは明治初期まで産地としてそれほど有名ではなかった。ちなみに羽二重とは絹織物の一種で、生地の肌触りや丈夫さから、19世紀のヨーロッパにおいて人気を博していた。日本では群馬県の桐生《きりゅう》など両毛《りょうもう》地域で生産がはじまったが、旺盛な需要に応えることができず、外国人のバイヤーたちも新たな産地を探していた。そんな時、福井の製糸業者が「羽二重の需要が増している」という情報を仕入れたことがきっかけとなり、福井で羽二重生産が開始され、その後、急速な発展をとげていく。府道県別の絹織物生産額の推移をみてみると、１８８７年に5位以内にすら入っていなかった福井県の生産量は、１８９２年に3位、１９０２年に2位、そして１９１２年には京都を抜いて1位となった。こうした羽二重生産の拡大のプロセスをまとめると、①早期に桐生から羽二重製織技術を導入したこと、②士族や商工業者、小地主を中心に機業を経営する者が急増したこと、③福井周辺の農村地域へ製織技術が伝播していったこと、④零細な機業家の大規模化や組合の設立により取引が

写真1　福井城址とその周辺

左奥が福井城址．現在は県庁や県警本部が立地している．周辺には市役所や百貨店など福井市のCBDを形成している．2023年8月西山撮影．

自立化したこと、⑤電力供給体制を確立し力織機を導入したこと、があげられる[1]。

しかし、そうした羽二重の隆盛も長くは続かない。第一次世界大戦後のいわゆる1920年恐慌を契機に、絹織物輸出は凋落を見せはじめた。そうしたなかで福井が新たに導入したのが人造絹糸（人絹《じんけん》）である。人絹とは木材パルプなどから抽出されるセルロースを原料とする人工繊維で、県内の工場では短期間に羽二重から人絹への転換が図られた。また羽二重の輸入規制が厳しくなった欧米から、英領インドなどのアジアやオセアニアなど新たな市場への輸出に転換を図った。人絹への転換は図に当たり、さらなる工場の建設や生産の拡大、就業者の増大に寄与した。ちなみに福井県は女性の就業率の高さが日本屈指であるが、これは大量の女性労働力を必要とする繊維産業との関係が深いといわれている。

こうした繊維の街の雄姿を現在に伝える施設が、駅前通りとフェニックス通りが交差する大名町交差点の北東側にある「福井県繊協ビル」である（写真2）。また現在、その威風を確認することはできないが、福井県繊協ビルから西に200mほどの場所に、世界初の人絹取引所が入る「福井人絹取引所」（1937年建設）も開設されていた。この取引所は、世界恐慌による人絹価格の変動や関連事業者の倒産を防ぎ、公正な取引を目指すものであった。こうした取引所の開設からも、団結し知恵を出し合いながら苦境を乗り越えようとする福井の人々の努力とたくましさを垣間見ることができる。

◆災禍転福のまちづくり

福井は別名「フェニックス（不死鳥）の街」ともいわれる。その由来は、福

写真2　福井県繊協ビルと大名町交差点
左側のビルが福井県繊協ビル．2023年8月西山撮影．

井が昭和20年代に立て続けに経験した3つの戦災・災害に由来する。1つ目は1945年7月の福井大空襲である。127機の戦略爆撃機の空襲により、死者数1576名を数え、市街地の95％が灰燼に帰した。これは全国でもワースト2位の被害である。また、戦災復興もままならない1948年6月には福井の北隣にある旧丸岡町《まるおかちょう》を震源とするマグニチュード7・1の福井地震に見舞われ、復興途中の市街地がほぼ壊滅した。さらに1カ月後の同年7月には、大雨による大規模な浸水被害を被っている。短期間のうちに、市街地が壊滅するような災害を立て続けに受けたのである。しかし、福井の人々は、そうした不幸を「災禍転福」ととらえ、産業のさらなる発展や災害に強い良好な市街地整備を進めた。

まず福井では、空襲によって壊滅的な被害を受けた市街地を復興させるべく、特別都市計画法による復興計画を策定した。中心部の街路は、駅から西側に延びる中央大通り（シンボルロード）と、福井県繊協ビル前で直交するフェニックス通りを中心にしながら、東西、南北それぞれおおよそ500mおきに広幅員の幹線道路を配している（写真3）。しかし、それらは戦前に描かれた旧都市計画法に基づく計画と大差がない。一方、戦後復興の相違点は、土地区画整理を念頭に置いて市街地整備が進められた点である。すなわち幹線道路だけではなく、その内部の街路も一体的に整備しようとした[2]。これにより約595haの罹災面積に対し、約556haが土地区画整理事業によって整備された。この整備率の高さは全国でもトップクラスである。戦後福井の市街地整備の成功は、福井地震が大きく影響している。震災によって停滞していた土地区画整理事業推進の機運が高まったこと、戦災復興事業が見直され、街路の拡幅、上下水道の敷設、公園

写真3　フェニックス通り

フェニックス通りは中央に路面電車が走る．歩道も車がすれ違えるほどの広さがある．2023年8月西山撮影．

の拡充、防災設備の完備など、面的な街路整備に留まらない中身のある先進的な市街地整備が進められた[3]。

以上のように、市街地のほとんどが戦災による被害を受けたこと、その後の震災により整備内容が見直されたことが福井の市街地整備に大きな影響を与えた。しかしながら、それはあくまでも戦前まで市街地であった地域に限ったことである。地理院地図などで福井の市街地をみてみると、ほとんどの地域の街路は規則的になっている。福井では戦災復興以後も、市街地が拡大するたびに、先行的に公共施設を配置したり、行政主導の土地区画整理事業を積極的に行ったりした（表1）。この結果、土地区画整理事業が施された地域は、2021年4月時点で施行中を含め107地区、3475haとなっている。ちなみに、2020年の国勢調査によると福井のDID面積は33・08㎢（3308ha）である。つまりほとんどの市街地において土地区画整理事業が実施されていることになる。このことからも福井は外見が整った都市と言える。

上記の遺産が後の市民生活に活かされた例を紹介したい。シビル・ミニマムの充足率である。シビル・ミニマムとは、自治体が市民のために最低限整備すべき生活環境や基盤整備のことを指す。特に高度経済成長期は、開発至上主義によって公害問題などの社会問題が噴出していたこともあり、1960年代から1970年代にかけて注目されていた。そうしたなか、日本経済新聞が全国の86都市を対象に、公園や道路、学校、住宅、上下水道、ごみ処理、消防、電話の8項目の整備状況を総合得点にして順位化した。その結果、福井がシビル・ミニマム日本一に輝いたのである[4]。

その一方で、計画的な街路や幅員の広い道路には負の側面もある。道路幅員との因果関係は定かではないが、福井県の世帯当たりの自動車保有台数は1・708台と日本一である。これは福井県民の所得や共働き率の高さとも関係している可能性もある。また、

表1　福井における土地区画整理事業の実績

	施行件数		施行面積	
	実数	構成比	実数	構成比
公共施行	29	27.1％	2715.4ha	78.1％
組合施行	78	72.9％	759.8ha	21.9％
総数	107	100.0％	3475.2ha	100.0％

福井市資料により作成.

２０１０年から２０２０年にかけてのＤＩＤ面積の増加率が21・０％（ただし県庁所在都市のみ）と、鳥取市の17・４％をはるかに超えて断トツで1位である。増加が著しい地域は、土地区画整理事業による住宅分譲が活発な市北部の森田地区（森田北東部土地区画整理事業）である。少子高齢化の進展によりコンパクトな都市づくりが求められるなかで、福井は皮肉にも良好な市街地整備がクルマ依存のライフスタイルと都市構造を生んでしまっている。しかしながら、防災と来るべきクルマ社会、人口増加による市街地拡大を見据えた先手先手の市街地整備は大いに評価できる。

◆日本一幸福な地域

何かと影の薄い福井ではあるが、10年ほど前に日本中から脚光を浴びる出来事があった。法政大学政策総合研究科教授（当時）の坂本光司氏らが「幸福度」という観点から、都道府県ランキングを発表した[5]。結果は北陸三県が1～3位を独占し、その頂点に立ったのが福井県であった。それを発端に「幸福度」が注目されるようになったことで、２０１４年からは日本総合研究所も隔年で「全47都道府県幸福度ランキング」という調査を実施している。もちろん福井県は5年（回）連続1位である。こうした幸福度が高い背景には、①女性の社会進出（共働き率が高い）、②子育てのしやすさ（待機児童ゼロ・三世代同居）、③豊かな就業環境（失業率の低さ／有効求人倍率の高さ、正社員率の高さ）があるとされる[6]。

筆者は２０２３年のゼミでの調査を通して多くの福井市民とかかわる機会を得た。筆者が必ず立ち寄る中心部の「ＢＡＲ堀川」[7]において、ある二人組の女性と話す機会があった。彼女たちは、子育てを経てもなお民間企業で正規職員として働き続けているという。「結婚した福井の女性たちはみな共働きなのですか？」と尋ねると、「そうね。みんな働いているわね」と間髪入れず返答があった。それはどうしてかを尋ねると、三世代同居で祖父母が子の面倒をみてくれること、そもそも家庭を持っている女性もフルタイムで働くことが常識であることらしい。彼女たちは謙遜からか「福井は何もないでしょ？」と筆者に尋ねる。筆者が「たしかに福井にはディズニーランドはありませんが、幸福度が日本一ですよ！」と言うと、「そうは言われているけど、まったく実感がないわよね」と切り返された。実感のない幸福というのは、福井の人々に共通しているらしい。幸福というのは数字や形に表すことができない。そのため比較がむずかしく、実感がわかないのである。

話は変わるが、福井県には他にも日本一や上位であるコトやモノが多数存在する。表2は生活や教育、家族に関する主な指標を示したものである。筆者が恣意的に選んだことや、福井県全体の指標であることに留意されたい。このデータをポジティブにとらえると、福井県民は「夫婦共働きで収入が多い」「家族のきずなが強く健康である」「子どもは文武両道に秀でている」といえる[8]。たしかに福井は知名度も低く、地味で、ランドマークにも乏しい。しかし、そこに住まう人間にとって重要なのは家族や健康、教育、そして何よりも、生きる糧である。福井は外見の整った市街地と本質的な豊かさを兼ね備えた、中身のある優れた都市である。

◆福井の人はなぜ幸福なのか

福井は古くからたび重なる不幸に見舞われてきた。しかし、苦難を乗り越えて、豊かな生活や身のまわりの安心・安全といった本質的な豊かさを追い

表2　福井県の各種都道府県ランキング

種類	ランキングの名称	順位	年次	出所
収入	世帯収入	6	2019	全国家計構造調査
仕事	有効求人倍率	1	2023.11	職業安定業務統計
	共働き率	1	2020	国勢調査
	社長排出率	1	2020	帝国データバンク
世帯	三世代同居率	2	2020	国勢調査
	離婚率の低さ	7	2018	人口動態調査
健康	平均寿命（男性）	7	2020	都道府県別生命表
	体力・運動能力	1	2022	全国体力・運動能力，運動習慣等調査
教育	小学生の学力（算数）	3	2021	全国学力テスト

求め、努力を積み重ねてきた結果が幸福度日本一につながったのではないだろうか。幸福度が高い理由を、筆者は以下のように考えている。

第一に、都と隔絶された地理的位置である。京都の近傍にあるとはいえ、福井は地形的にも畿内と隔絶されていた。また冬は雪に閉ざされ、往来はむずかしい。近代になり首都が東京に移ると、地理的な隔絶性はいっそう高まっていった。しかし、東京との隔絶性がむしろ福井の幸福度を高めたのではないかと筆者は推察している。筆者は宇都宮に住んで10年になるが、当地は東京との近接性が競争や対比を生み、相対的な生活の満足度や豊かさを低下させているように感じる。また、座して恩恵を受けられるので何も考えないし、努力もしない。ところが福井はその隔絶性ゆえに、なかなか東京から情報やモノ、人が入ってこない。東京とかかわらないことが、逆に幸せにつながったとも考えられる。大切なことは人と比較することではなく「自分がどう思うか／どう生きるか」である。

第二に、自立性の高さである。これは二つの意味をもつ。一つ目は、しがらみが少なく、自分で考え、行動できるという視点である。福井はたしかに敗北の地ではあるが、再生する場でもあった。たとえば、都の仏教勢力から攻撃を受けた道元《どうげん》禅師（永平寺《えいへいじ》）や蓮如《れんにょ》上人（吉崎《よしざき》御坊《ごぼう》）が好例である。武運拙《つたな》く敗れた新田義貞も、再起を図るため福井に後退した。都からほどよい距離にあるということは、都からの干渉や監視を受けにくい。力を蓄えれば比較的容易に都に打って出ることができる。この都からの絶妙な距離が福井の先進性や自立心を生んだ根底にあるように思う。

二つ目は、厳しい環境ゆえに主体的に考え、行動しなければ生きていけないという視点である。筆者はまちづくりにおいて、いや、すべてに共通することではあるが、依存体質にならないことが人にとっても地域にとっても最も大切だと考えている。福井は宇都宮とは異なり、東京の恩恵にあずかることがむずかしい。また気候的にも厳しく、多くの災害に見舞われてきた。そうした状況のなかで、他の地域に頼ることはできず、自分たちの地域のことは自分たちでやるしかない。こうした逆境も福井の人々を強く・賢くした。他人に依存すれば楽である。しかし楽をしてしまうと、自分で考え、行動することを忘れ、最後には他人に支配され資源を奪われてしまう。地方衰退の根本は、依存体質、つまり受動社会の浸透にあると考える。しかし、少なくとも昭和までの福井はそうではない。要所要所で他地域を頼りつつも、最後は自分で考え、行動し、結果を残している。福井県出身者の社長数の多さや、本稿では紹介できなかったが郊外大型店の出店方式にもオリジナリティを感じることができる。他人に依存せず、自分のできることは自分でやる。こうした先陣を切る文化が、福井に豊かな就業や所得をもたらしてきたように思われる。

　第三に、身近な人々との結束の強さである。いくら自分で考え、行動しようとしても、一人でできることは限られている。厳しい環境を生き抜くためには、周囲と知恵やモノを分かち合い協働する必要がある。この結果は、鯖江《さばえ》のめがね枠産業や福井の繊維産業などにも表れている。協働するためには、他人を思いやり（尊重し）、大切にし、信頼関係を築くことが求められる。こうした人のつながりによる信頼と協働に支えられた安心・安全な地域社会は、福井の優れた外見と中身をつくる基盤となっている。まさに福井はソーシャルキャピタルが体現された都市といえる。

　筆者は宇都宮から新幹線で東京の大学まで通っている。なぜ片道2時間半を費やしてまで宇都宮に住んでいるのか。それは東京がとにかく息苦しく疲れるからである。無数の他人とは信頼関係やコミュニケーションがない。また経済合理性が美徳とされる。そうした地域社会は健全だとはいえないし、幸福を生むとも思えない。人は人である以上、誰かとかかわり、思いやり、助け合いながら生きていかねばならない。筆者はしばしば「まちづくりは人と人が出会うことから始まります」と言う。人が出会って、コミュニケーションを通わせ、共感や信頼関係からアクションが生まれる。その繰り返しがまちづくりなのである。福井は多くの地域で失われたまちづくりの原点を示してくれる教科書である。

東京に侵されなかったからこそ、本質的な豊かさを育み堅持してきた福井。しかし、新幹線の開通により変革の時が到来した。筆者には新幹線が、福井から福を吸い取ってしまう吸引装置のように見えてならない。巷では東京との所要時間が約30分縮まるとか、インバウンドを呼び込む好機とか、中心市街地活性化の起爆剤とか、楽観的な記事が躍る。しかし、それは日本の他地域や世界との過剰な競争の渦に巻き込まれていく危険性をはらんでいる。かつての福井であれば、福を呼びこめたかもしれない。しかし今の福井にそうした力や知恵が残っているだろうか。

多くの不幸や犠牲の上に培ってきた福井の尊い文化が雲散霧消しないか。華々しさはないが、中身がしっかりしている福井が、骨抜きにされてしまうのではないか。新幹線は福井にさらなる福をもたらすのか。それとも再び不幸を呼び込んでしまうのか。２０２４年以降、福井は日本一注目すべき地域になるだろう。

（西山弘泰）

［注］

（１）福井県編（１９９８）『図説福井県史』福井県。
（２）西村幸夫（２０１８）『県都物語―47都心空間の近代をあるく』有斐閣。
（３）本多義明・川上洋司・児玉　忠・加藤哲男編著（２００９）『福井まちづくりの歴史―改訂版』地域環境研究所。
（４）福井市編（２００４）『福井市史　通史編3　近現代』福井市。
（５）坂本光司・幸福度指数研究所（２０１１）『日本でいちばん幸せな県民』ＰＨＰ研究所。
（６）清山　玲（２０１８）「幸福度ランキング日本一「福井モデル」を問う」社会政策10―2、5―7頁。
（７）福井市議会議員の堀川秀樹氏が経営するバー。堀川氏の人柄を慕った来客が絶えない。筆者も堀川氏やここで働くスタッフの方々、同氏のまちづくり仲間の方々に大変お世話になっている。
（８）２０２２年の家計調査において、福井市の労働者世帯のうち二人世帯におけるひと月の実収入は66・4万円で、52都市（県庁所在地、政令市）中7位であった。

静岡県 三島市 新幹線がつなぐ快適な生活とキャリア

◆まち中に人がいる

勤務校である東京学芸大学の伝統的授業「臨地研究」の対象地となった２０１９年に、初めて三島《みしま》を訪れた。商業地などの「まち」を主な研究対象とする筆者は、最初に中心商業地である三島大通り商店街へ足を向けると、人口規模で10万人程度の都市のなかでは、商店街がしっかりと存在しており、シャッターを閉めた店は少なくて比較的人通りが多く、個人店が残っていることに驚いた。これはあくまで人口規模が同等の他の地方都市と比べた場合の印象であり、この商店街も来訪者の減少といった問題を抱えてはいるが、ここではこの商店街だけでなく三島市や隣接する長泉町《ながいずみまち》において人が集まる理由を探りつつ、この都市の魅力に迫ってみたい。

民間企業による調査でも、たとえばＡＲＵＨＩによる「本当に住みやすい街大賞２０２１ in 静岡」では、三島大通りが通る三島広小路《ひろこうじ》が１位となった。またＪＲ三島駅に隣接する長泉町は、企業誘致の成功によって財政が安定したことで、子育て支援が充実し人口が増加した地域として、教科書『詳解地理Ｂ』（二宮書店、平成30年発行）で取り上げられるなど、若者の呼び込みに成功した事例としては代表的な都市といえる。

本稿では、まず次項にて中心商店街である三島大通り商店街で店舗が残るとともに人が訪れる理由を考察し、次々項では三島市や長泉町において子育て世帯が増加してきた理由のひとつとして、それらの人々の通勤行動の実態を考察する。(1)

◆伝統的商業地で店舗が残り、人が訪れる理由

三嶋大社の門前町であり、江戸時代には東海道の11番目の宿場町としての伝統を有する三島大通り商店街では、先述の通り、他の人口10万人程度の地方都市に比べて、比較的シャッターを下ろした店舗が少なく、個人店が残り、人通りも多いようにみえる。その理由として、一つ目は中心市街地の人口密度が比較的高いことがあげられる。栗山ほか（２０２１）で示した町丁目別の人口密度の分布図を見ても、ＪＲ三島駅や伊豆箱根鉄道駿豆《すんず》線の三島広小路駅が立地する中心部からおよそ半径２㎞の範囲で高い値がみられる。他の都市との比較のために、ＤＩＤ（人口集中地区）の人口密度を、三大都市圏と広域中心都市を含む都道府県（北海道・宮城県・埼玉県・千葉県・東京都・神奈川県・岐阜県・三重県・愛知県・京都府・大阪府・奈良県・兵庫県・広島県・福岡県）を除く３５６市区町村についてみると、三島市は１㎢当たり５９９７・７人で29番目と上位に位置する。なお27番目の松山市が６０５４・９人、31番目の高知市が５９７０・０人である。いずれも路面電車が通り、比較的コンパクトな都市構造とすることが期待される都市である。

二つ目として、ＪＲ三島駅周辺の商業立地が進んでいないことがあげられる。日本では、多くの都市において旧城下町時代の町人地から鉄道駅が開設された地点へと商業の中心地を移動させたが、ＪＲ三島駅は新幹線の停車駅で静岡県東部における交通の要衝であるにもかかわらず、また駅の周辺には日本大学国際関係学部や順天堂大学保健看護学部のキャンパスがあり若者が多数集まるにもかかわらず、駅周辺にお

ける商業立地は限定的であり、駅ビルなどの大型店もない。これはより人口規模の大きな沼津市と隣接することに加え、後述の通り、駅の周辺がロータリーや駐車場（写真1）として利用されており、大規模な商業施設を立地させる空間が存在しないことも一因と考えられる。

三つ目として、源兵衛《げんべえ》川など富士山の湧水を利用した親水空間が人を惹き付けている点があげられる。三島は「水の都」ともいわれており、富士山の湧水が流れる小河川沿いには遊歩道やベンチが整備されるなど、市民の憩いの場となっており、休日には多くの家族連れが訪れ（写真2）、大学生などの若者が語らう様子もみられる。水温は年間を通じて15～16℃で保たれるため、夏は涼しくて冬は暖かく、人々に暮らしやすさをもたらしている。

四つ目として、自然や歴史的な観光資源が存在し、それらが人を引きつけている点があげられる。伊豆半島ジオパークのジオサイトに指定されている楽寿園《らくじゅえん》では、富士山の噴火の際に流れた溶岩の上に実生《みしょう》した樹木や野鳥などを観察できる。伊豆国の一宮である三嶋大社は創建が不明だが、奈良・平安時代の古書にも記録が残されており、源頼

写真1　ロータリーと多くの駐車場があるJR三島駅北口周辺
2023年1月牛垣撮影.

写真2　家族連れや若者からお年寄りまで多くの人が集う源兵衛川周辺の親水空間
2019年8月牛垣撮影.

朝も深く崇敬したといわれる。今日では本殿が重要文化財に指定されている。

五つ目として、個人店の競合相手となるチェーン店が少ない点があげられる。本書や『日本の都市百選　第1集』でもたびたび触れているが、コストパフォーマンスに優れたチェーン店が増加し、それらとの競合に負けて個人店がなくなると、全国一律の商品・サービスを提供するチェーン店のみが残り、まちは均質化して個性が失われる。そういった現象が進む中で、三島大通り商店街には個人店が比較的多く残っている。三島市内の商業集積地において、国道1号バイパス沿いは店舗数48店のうち41店（85・4％）、ＪＲ三島駅南口周辺は店舗数１２０店のうち32店（26・7％）がチェーン店であるのに対して、三島大通り商店街は店舗数１８２店のうちチェーン店が8店（4・4％）とわずかである。

チェーン店が立地しにくい背景としては、宿場町特有の地割が影響したとも考えられる。多くの宿場町では江戸時代に間口幅に応じて税がかけられたため、宿場町の地割は間口が狭く奥行きが長い短冊状の形態であったことが知られている。東海道の宿場町であった三島大通り商店街にはこの地割が残されている店も多く（写真3）、間口幅が狭いために大きな駐車場を設置するのが難しく、これが大手チェーン店を立地しづらくさせていると考えられる。大手企業のチェーン店が進出しないからこそ競争がそれほど進まず、個人店が残ることに寄与したとも考えられる。

写真３　三島大通り商店街にみられる間口幅の狭い建物
2023年1月牛垣撮影.

関連して、三島には魅力的な個人飲食店が多い。創業１８５６（安政3）年の歴史を有し休日には行列ができるうなぎ料理の名店・桜家もその一つである（写真4）。約1万年前の富士山噴火で流れ出た溶岩層を通ってきた富士山の雪解け水でうなぎを3～4日さらすことで特有の臭みを取るとともに、脂肪の量をほどよくして身を引き締めている。三島のうなぎ文化も富士山の湧水がもたらしたといえる。

加えて三島市では、富士山の火山灰性の黒土で水はけが良く保肥性が良い土壌で、かつ標高50m以上で空気が澄んだ高原において、日差しを十分に浴びて育てる「箱根西麓三島野菜」のブランド化が進められている。地理的表示（GI）産品に登録されている三島馬鈴薯を使った「みしまコロッケ」や、その他様々な三島野菜を販売する店舗が、中心市街地に数多く存在する。

◆新幹線通勤が可能とする三島長泉在住・東京勤務

1980年代以降、三島市および隣接する長泉町では、長らく人口が増加してきた（図1）。三島市では2005年以降は人口が若干減少傾向にあるものの、長泉町は増加傾向が続いている。その背景の一つが、新幹線を利用して東京方面へ通勤する遠距離通勤者の増加である。1980年代のバブル期における東京都心部の地価高騰で人口や都市機能の郊外化が進んだものの、その後はいわゆる「都心回帰」で大都市都心部の人口が増加傾向にあるなか、三島市や長泉町では基本的に人口は増加傾向にあり、遠距離通勤者は2000年から2015年にかけて3割ほど増加した。ただしCOVID―19が広がった2020年にはその増加にも歯止めがかかっている。この時点では感染症としての特性や影響などの見通しがつかない状況であったが、今日ではオンライン会議や

写真4　富士山の湧水がもたらしたうなぎの名店で順番を待つ人々
2019年8月牛垣撮影.

リモートワークの普及など働き方にも変化がみられ、ワークとバケーションを合わせた造語「ワーケーション」にも注目が集まる。自然豊かな三島市や長泉町もその受け皿となり得るため、今後も人口が増加する可能性は十分にある。

県外からの移住者も多い。古田・牛垣（2022）で示した2010年から2015年にかけての三島市・長泉町への転入者の前住地をみると、東京都大田区、世田谷区、杉並区、練馬区、横浜市港北区など、東京都心部に近い郊外住宅地からの転入者が多い。主に東京都心部から南西方向（セクター）における、内郊外から外郊外への移動とみられる。また、長泉町に転入した者の5年前居住地をみると、2010年は神奈川県が600人を超えて最大であったが、2020年には東京都が最大となり、埼玉県からの移住者も増えている（袴田理君の卒業論文による）。長泉町が子育てしやすい街という認識は、近隣の神奈川県にとどまらず、広範囲に広がっている。

次に2020年における三島市や長泉町常住者の通勤通学先を示した図2をみると、静岡県内を除く地域のなかでは東京都の千代田区が481人、港区363人、中央区248人、品川区234人、新宿区138人といった東京都心の区、特に新幹線が発着する東京駅や品川駅に近い区で多い。一方、千代田区などの東京の都心部から、三島市の方向である南西方向（セクター）以外へ通勤する人は少ない傾向にある。三島市や長泉町のような郊外外縁部では、中心都市の都心部よりも郊外核都市（この場合は横浜）と

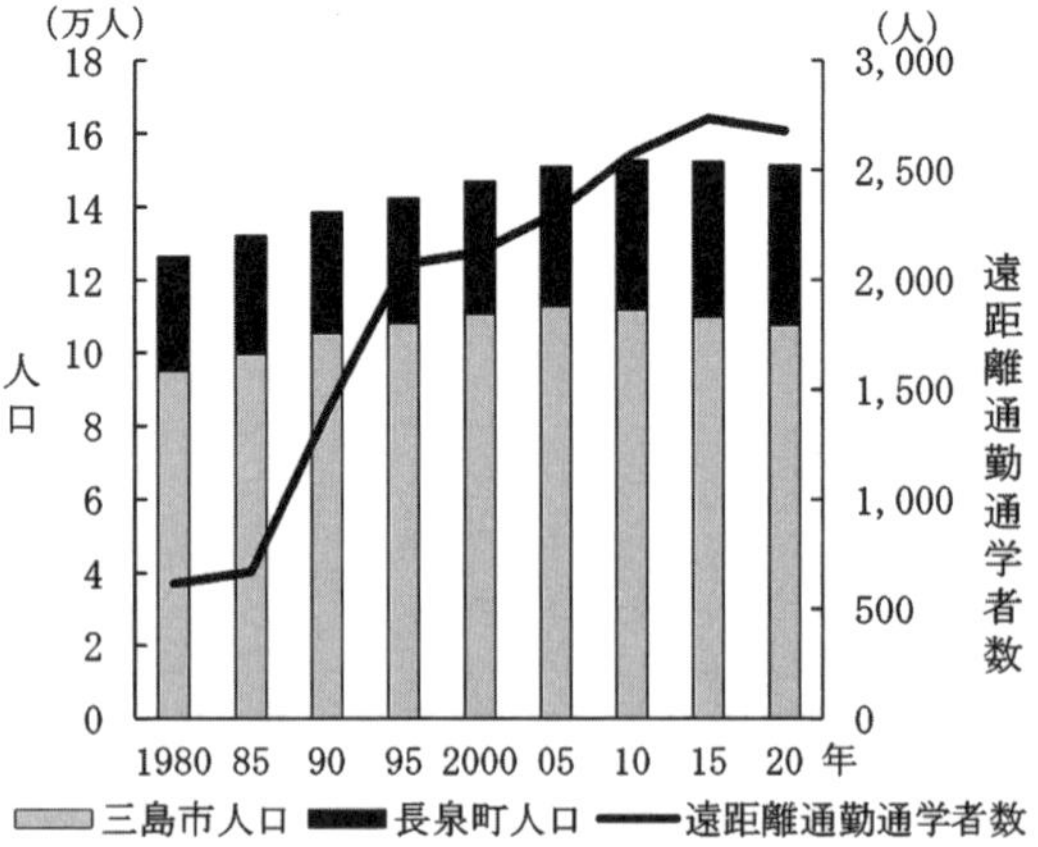

図1　静岡県三島市・長泉町における人口および遠距離通勤・通学者数の推移

遠距離通勤・通学者は，三島市及び長泉町に常住し，東京23区，川崎市，横浜市へ通勤・通学する人数を合計したものである．国勢調査により作成．

の結びつきが強いとも考えられるが、三島市や長泉町の場合は直接東京の都心部へ通勤する傾向がみられる。新幹線は途中駅が少ないため、郊外外縁地域と中心都市都心部とを直接結びつけ、その関係を強める側面をもつ。

新幹線による通勤にはいくつかのメリットがある。一つ目はその速さであり、二つ目は車内の快適性である。平均で三島駅から東京駅へは55分、品川駅へは47分でアクセスできる。２０２０年のダイヤ改正により、９時30分までに東京駅へ到着する新幹線は12本あり、うち６本は三島駅が始発であり、ゆったりと座ることができる。東京郊外から在来線で都心へ向かう際の通勤ラッシュはなく、また揺れや騒音も少なく、進行方向向きの座席で、快適に座って通勤することができる。リクライニングやテーブルを使うこともできる。アンケート結果からは、新幹線での時間を仕事や勉強、映画やドラマを視聴するなど、単なる時間潰しにとどまらず、一日のなかでの貴重な時間と位置づけている人も多いことがわかった。ただし東京駅からの終電が22時47分と早いことや交通費が高くつくこと、災害時には職場から自宅まで徒歩で帰るのは難しいことなどのデメリットもある。

三島市や長泉町が住宅地として人気である背景には、東京の都心部に近い郊外と比べて住宅価格が安いこともあ

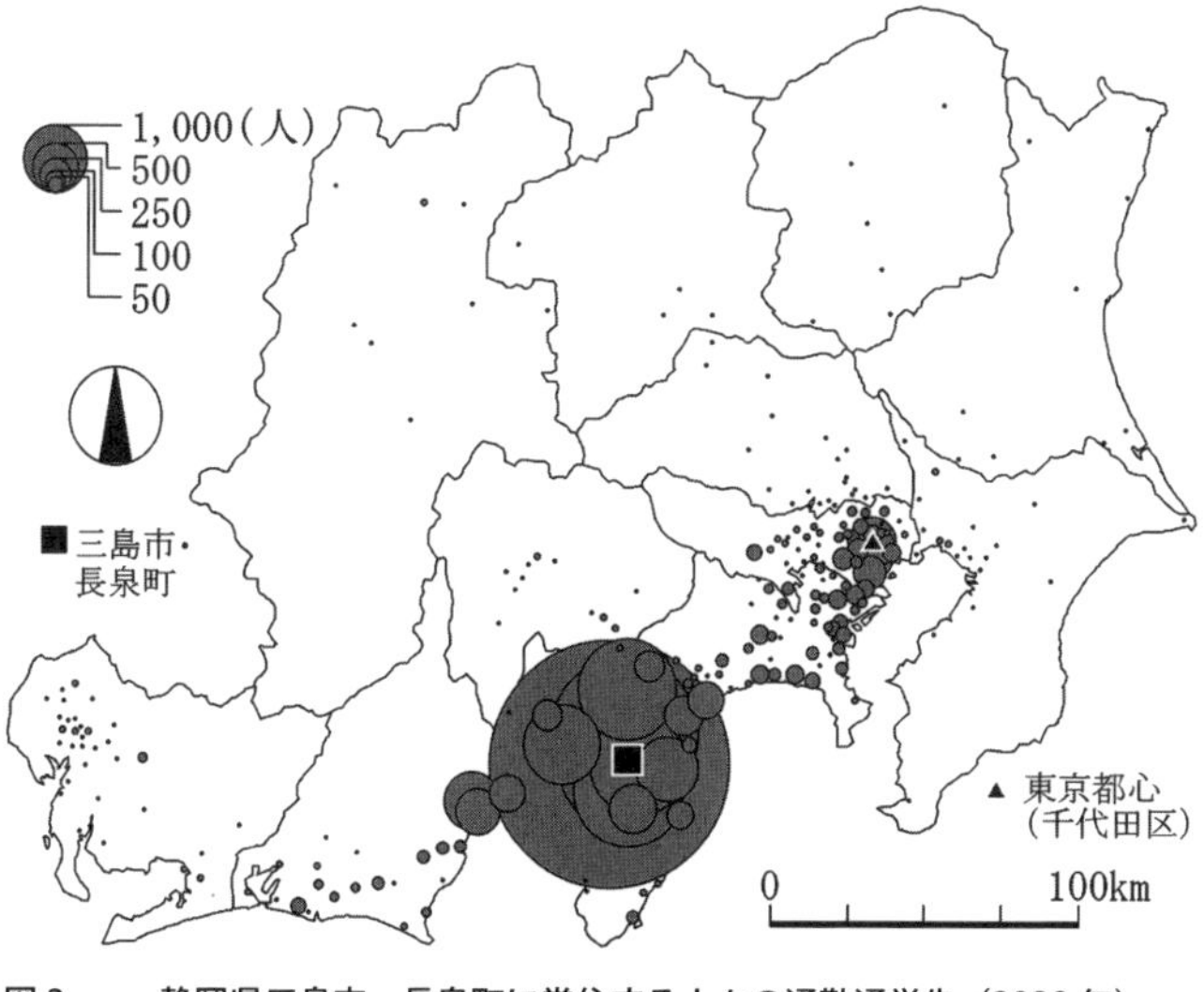

図 2　　静岡県三島市・長泉町に常住する人々の通勤通学先（2020 年）
国勢調査により作成.

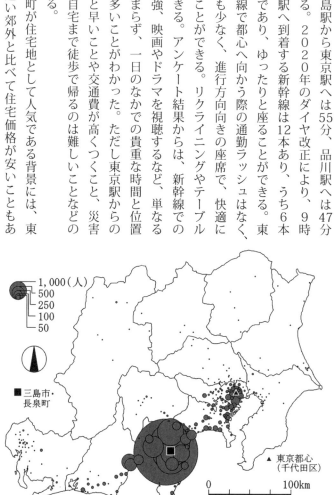

げられる。参考までに地価公示の住宅地地価の値をみると、三島市は1㎡当たり15万8千円、長泉町は13万8千円である。朝の時間帯で三島駅から東京駅までの所要時間は55分であるため、同程度の所要時間の駅が立地する自治体と比較すると、東京駅まで55分の立川駅が位置する東京都立川市は32万8千円、64分の平塚駅が位置する平塚市は17万3千円、55分の磯子駅が位置する横浜市磯子区は22万6千円、62分の長津田《ながつだ》駅が位置する横浜市緑区は24万2千円、53分の向ケ丘遊園駅が位置する川崎市多摩区は31万1千円と、いずれも高額である。

いくつか具体的な中古の分譲物件をみると、A物件は、三島駅までは徒歩12分、2009年築、13階建てマンションの11階、4LDK、専有面積89・60㎡（壁芯）で、3680万円である。B物件は、JR三島駅までは徒歩30分、JR御殿場線下土狩《しもとがり》駅までは徒歩10分、同長泉なめる駅までは徒歩23分、2009年築、13階建てマンションの1階、3LDK、専有面積82・99㎡で、2510万円である（いずれも2023年2月現在の価格）。一方で東京区部は、円安による割安感から外国人による投資目的での購入も多く、2023年1月～6月に販売された新築分譲マンションの平均価格は1億2962万円と破格である（2023年9月19日の日本経済新聞夕刊より）。

三島市や長泉町で居住し、新幹線で東京都内へ通勤・通学する人々に対するアンケート結果から、回答者の住まいの間取りをみると、17人中7人が持ち家の取得を理由に移住しており、全員が持ち家、14人が戸建て住宅に居住している。間取りは6LDKが1人、5LDKが4人、4LDKが6人、3LDKが7人、2LDKが1人である。東京の都心に近い郊外では困難な、広々とした生活を想像することができる。

これらの住宅は駅から離れた場所に位置することも多く、公共バスの路線数や本数も充実しているわけではないため、自家用車による送り迎えか、駅に近い駐車場に車を駐車することになる。そのため、三島駅の北口にはロータリーがあり（写真1）、駐車場も数多く存在しており、新幹線を利用した遠距離通勤者にとっては必要不可欠な空間となっている。

◆新幹線がつなぐ快適な生活

以上のように、三島市や長泉町では、新幹線で東京都心部へ短時間でアクセスできるために、東京でのキャリアを捨てることなく、東京の人脈を維持しながら、自然に囲まれ、広々とした部屋に住むことができる。夏は暑すぎず冬は寒すぎない気候条件のみならず、富士山の湧水や火山灰によって美味しいうなぎやブランド野菜を食べることができ、伝統的な商店街には飲食店をはじめとして魅力的な個人店が多く残る。東京の都心での仕事と自然・歴史・文化に囲まれた地方暮らしを無理なく送ることができる。ワーケーションが注目されるコロナ禍ないしアフターコロナの時代には、さらに人気の移住・定住先となる可能性が高い。

（牛垣雄矢）

［注］

（1）本稿は主に、東京学芸大学「臨地研究」として古田 歩君、栗山泰輔君、塚本創悟君、中西壱聖君が、また一部は袴田理君が卒業論文として行った調査・分析成果によるものであり、第2項は主に栗山・塚本・中西・牛垣（2021）に、第3項は主に古田・牛垣（2022）に基づく。また本稿の一部は、牛垣（2022）と重複する。

・栗山泰輔・塚本創悟・中西壱聖・牛垣雄矢（2021）「静岡県三島市における中心商業地の特徴・変化とその課題」東京学芸大学紀要　人文社会科学系Ⅱ72、93—108頁。
・古田　歩・牛垣雄矢（2022）「三島駅周辺地域における遠距離通勤者の特性と地域が抱える課題」東京学芸大学紀要　人文社会科学系Ⅱ73、35—46頁。
・牛垣雄矢（2022）『まちの地理学—まちの見方・考え方』古今書院。

岐阜県 大垣市

大都市圏外縁部の地域中心都市

◆繊維工業都市・大垣

本章で紹介する岐阜県大垣《おおがき》市は、今では面影はほとんどないが、日本の近代成長を支えた有力な繊維工業都市であった。工業都市としての成長の背景には、豊富な地下水、鉄道の開通、電力供給企業の存在があった。木曽《きそ》三川の一つである揖斐川《いびがわ》の扇状地末端に位置する大垣市では、かつて自噴水がいたるところに存在したほどであり、水都・大垣と呼ばれてきた。このような豊富な地下水が工業用水として利用可能であった。東海道本線の開通と大垣駅の開業（１８８４年）により、近代交通体系の恩恵を受けたことも工場立地の誘因となった。さらに、揖斐川電力（現・イビデン）が、１９１２年に揖斐川の上流に発電所を設置して豊富な電力を供給するようになった。このように工業用水、輸送手段、電力の条件を満たした大垣市は、近代的な繊維企業にとって魅力的な進出先となり、大手資本による大規模工場の進出が活発化した。

戦後、戦災復興とともに日本の繊維産業も急成長を遂げ、１９５０年代には「ガチャマン景気[1]」と呼ばれる繊維産業の全盛期が到来した。このため、繊維業界は深刻な労働力不足に陥り、地元だけでは労働力を賄うことができなくなった。そこで、地方から多くの若者を受け入れようということになるのだが、東日本は京浜工業地帯の労働力供給圏に、西日本は阪神工業地帯の労働力供給圏に組み込まれるようになったため、両工業地帯に挟まれた中京工業地帯に労働力を供給しうる地域はごくわずかしかなかった。

大垣市をはじめとする中京圏の繊維工場は、そのわずかな地域である九州や北海道をターゲットとして、若年女性労働力の獲得に積極的に取り出した。そうした若年女性を獲得するために、地元の繊維工場が出資して設置したのが大垣女子短期大学である。同短期大学には、働きながら学びたいと考える若年女性のために、仕事と勉学を昼夜交代で行う三部（一部＝昼間、二部＝夜間）という課程がかつては存在していた[2]。このような事情により、繊維産業が盛んであったころの大垣市には、繊維工場で働くために居住地移動してくる人が多かった。１９７０年の国勢調査によると、大垣市に転入してきた人の前住都道府県の上位には、鹿児島県（2位）、北海道（3位）、熊本県（4位）、長崎県（6位）、宮崎県（9位）のように九州や北海道が入っていた（ちなみに２０２０年の国勢調査では、これらの道県は上位10位には一切入っていない）。また、繊維工場で働く労働者の多くが若年女性であったことを反映し、これらの道県においては女性転入者の割合が高かったことも特徴の一つであった。

◆脱・繊維のまちへ

１９７０年代に入り、オイルショックにともなう構造不況によって繊維業界が縮小し始めた。１９９０年代には、グローバル化の進展、アジア諸国との競争激化によって日本における繊維産業の衰退はますます本格化した。大垣市も例外ではなく、市内から繊維工場が次々と姿を消していった。市街地を取り巻くように立地していた繊維工場も、現在ではごく一部を除いて撤退し、その跡地は商業施設、住宅などへ置き換わっている（図1）。大垣駅に近接する工場は、その利便性ゆえに商業施設に転用されることが多かった。たとえば、大垣駅北側に存在したオーミケンシ（近江絹糸）大垣工場の跡地には、愛知県に本社を置くユニーが運営する大規模商業施設であるアクアウォーク大垣が進出した（写真1）。大垣駅に近接する立地ゆえに鉄道を利用した顧客はもちろんのこと、大規模な駐車場を備えた店舗でもあるため、自家用車でやってくる顧客も多い。

大垣駅の南側には駅前商店街が存在するが、こちらは衰退が著しい。かつて賑わいをみせていたこの商店街の発展の源は繊維工場であったが、繊維工場が閉鎖し、顧客であった工場労働者もいなくなったことで、衰退がみられるようになった。その後、その繊維工場跡地が大規模商業施設に転

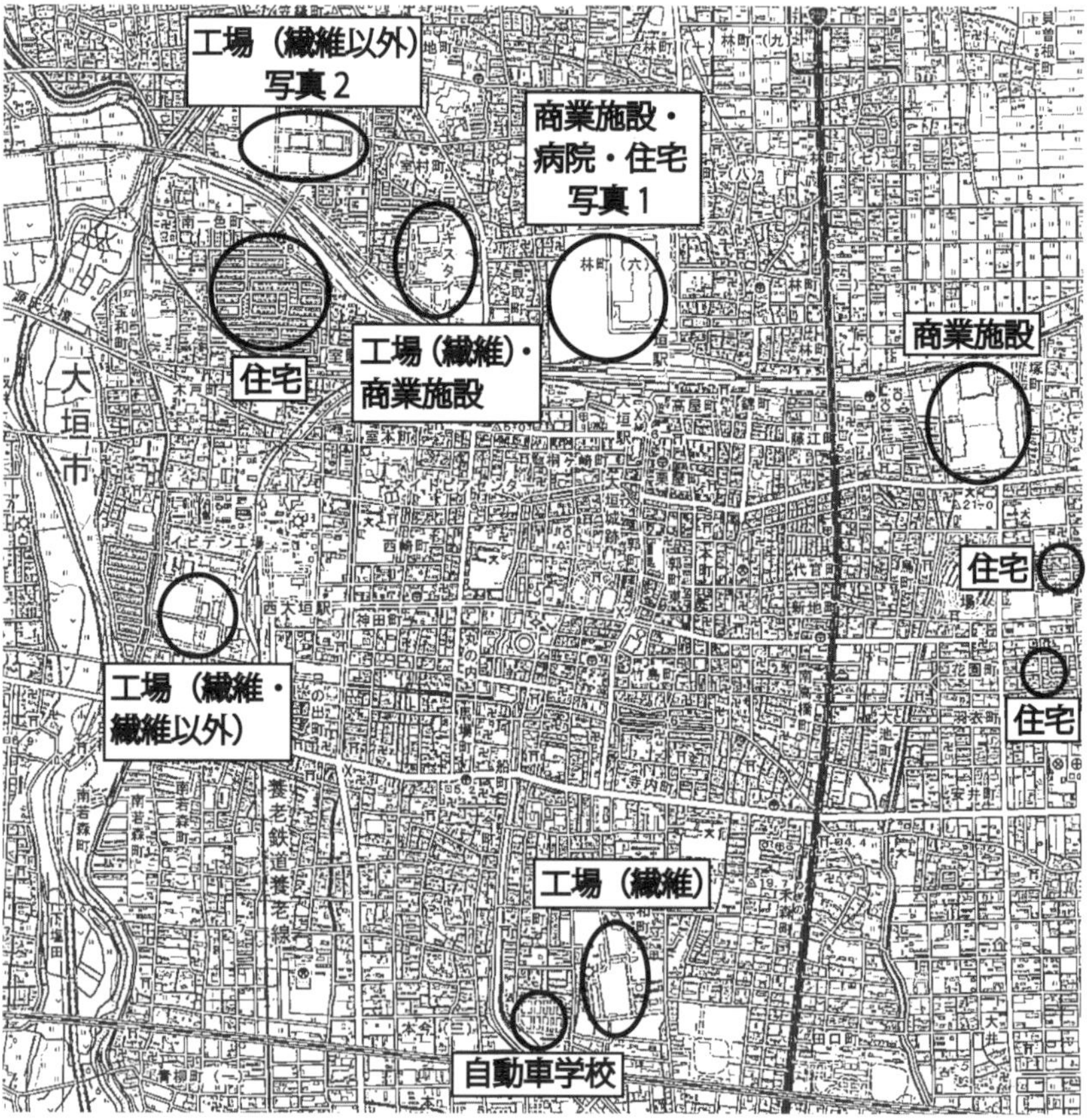

図 1　大垣市中心部と周辺の繊維工場（1970 年時点）

注：○は，1970 年時点で繊維工場があった場所．囲み内の文字は，現在の主な土地利用（例：商業施設）を示している．1：25000 地形図「大垣」（2018 年調製）に加筆．

用されたことで、商店街のさらなる衰退がすすんだ。かつては商店街へ顧客を送り込んでくれていた場所（繊維工場）が、今では商店街から顧客を奪っていく場所（大規模商業施設）にかわったのである。南北に長い商店街には空き店舗がいくつかある。一方、アクアウォーク大垣には空き店舗は少なく、建物内に多くの店が集積している。皮肉な話であるが、アクアウォーク大垣の方が「コンパクト」な印象を受ける。

基幹産業であった繊維工業が衰退するなか、大垣市では新たに情報産業都市を目指すようになった。その核となったのが、岐阜県が情報産業の拠点として大垣市内に開設したソフトピアジャパンである(3)。大垣市は、これを補完するための施設として大垣市情報工房を同敷地内に開設している。その周辺には民間の情報関連施設等も立地し、情報産業の拠点にふさわしいエリアを形成している。

このような大垣市における産業の変遷を、統計数値から確認してみたい。表1をみると、製造業の縮小とサービス業の拡大が顕著であり、全国的な脱工業化、サービス経済化の流れのなかに大垣市を位置づけることができる。表1中では「その他」の就業者増加も顕著であるが、情報通信業はこのなかに含まれており、情報産業都市としての成長もうかがえる。製造業を詳しくみると（表2）、１９７５年当時製造業就業者の約4割を占めていた繊維のその後の減少は著しく、２０１７年にはわずか7％程度にまで縮小した。対照的に、大垣市の製造業で成長してきたのが電気機械である。とりわけ、日本標準産業分類の変更によって新たに登場した電子部品・デバイス製造業の伸びが顕著である。この業種を牽引しているのはイビデンである。先に述べたよう

写真１　アクアウォーク大垣

後ろに見える建物は大垣徳洲会病院. この病院の敷地も, もとはオーミケンシの一部であった. 2022 年稲垣撮影.

に、創業当初は揖斐川の水を利用した水力発電により大垣市の繊維産業を支えてきた企業である。その主要工場の一つであるイビデン大垣中央事業場（写真2）の場所には、かつて東邦レーヨン大垣工場が立地していた。大垣市の製造業における繊維から電子部品・デバイスへの転換を象徴するものといえる。

表1　産業大分類別就業者数の推移

年	1975	1985	1995	2005	2015
農林漁業	4,684	2,562	1,972	1,613	1,169
建設業	5,974	6,566	7,834	6,544	5,456
製造業	30,185	29,890	26,989	21,563	20,124
卸売業，小売業	15,393	17,394	18,608	18,006	16,356
金融・保険業	2,028	2,539	2,789	2,382	2,315
サービス業	10,814	13,571	18,239	21,679	22,769
その他	7,791	7,474	8,053	9,000	10,662
合計	76,869	79,996	84,484	80,787	78,851

注：数値には，2006年に編入された旧墨俣町（すのまたちょう），旧上石津町（かみいしづちょう）は含まない．卸売業，小売業には，1985年，1995年は飲食店が含まれる．2005年は飲食店，宿泊業が含まれる．2015年は宿泊業，飲食サービスが含まれる．日本標準産業分類においてサービス業が細分化されてきたが，ここではすべてサービス業にまとめてある．国勢調査をもとに作成．

表2　製造業の業種別就業者数の推移

年	1975	1985	1995	2005	2017
繊維	9,930	7,315	3,504	1,284	1,072
化学	1,040	799	831	537	350
一般機械	2,061	2,081	1,876	1,574	1,421
電気機械	847	2,058	3,631	627	1,124
電子部品・デバイス				2,696	3,282
その他	9,683	10,125	9,749	9,243	8,108
合計	23,561	22,378	19,591	15,961	15,357

注：数値には，2006年に編入された旧墨俣町，旧上石津町は含まない．工業統計調査をもとに作成．

写真2　イビデン大垣中央事業場

中央に見える建物がイビデン大垣中央事業場．2022年稲垣撮影．

◆名古屋大都市圏の郊外？ 地域中心都市？

大垣市は、製造業の盛んな工業都市でありつつ、西濃《せいのう》（西美濃）地域の中心都市としても機能してきた。一方で、名古屋市とは約40㎞しか離れておらず、大垣駅から名古屋駅までは鉄道（東海道本線）で約30分と、通勤可能な範囲でもある。また、岐阜県の県庁所在都市である岐阜市からも約20㎞の近距離にあり、大垣駅から岐阜駅まではわずか12分である。このように、より規模の大きい都市が通勤可能範囲に複数存在しており、純粋に地域中心都市とはいいがたいのも大垣市の特徴である。

ここでは、名古屋大都市圏との関係で大垣市をみていきたい。名古屋市への通勤率によって名古屋大都市圏の範囲を設定すると、名古屋市から北東側（岐阜県東濃地域）と南側（愛知県知多半島）に大都市圏域が広がる傾向にある[4]。これは、北東側や南側に規模の大きい地域中心都市が存在しないためである。対照的に、名古屋市の北西側、北側、東側には大都市圏域はあまり広がりがない。大垣市、岐阜市、豊田市といった主要都市がそれぞれの方向に存在することから、それらの都市への通勤者も多くなり、結果としてそれらの都市周辺の市町村では名古屋市への通勤率は高くならないと解釈できる。実際、大垣市やその近隣市町村の大半は名古屋市への通勤率５％未満である。岐阜市との通勤による関係はどうであろうか。大垣市における岐阜市への通勤率は２０１５年現在で６・８％と、さほ

表３　大垣市における通勤動向と就従比

年	1975	1985	1995	2005	2015
常住地就業者（人）	76,977	80,049	84,484	80,787	78,851
岐阜市へ	4,567 (5.9%)	5,048 (6.3%)	5,719 (6.8%)	5,223 (6.5%)	5,376 (6.8%)
名古屋市へ	2,697 (3.5%)	2,927 (3.7%)	3,850 (4.6%)	3,602 (4.5%)	3,604 (4.6%)
従業地就業者（人）	79,435	82,650	87,574	85,058	83,310
就従比	103.2	103.2	103.7	105.3	105.7

国勢調査をもとに作成.

ど高い値ではない（表３）。こうしたことから、大垣市は、近隣に大規模都市があるにもかかわらず、それらの通勤圏に組み込まれることなく、地域中心都市としての機能を一定程度維持しているとみることができる。

１９７５年以降の推移をみると別の側面もみえてくる（表３）。名古屋市への通勤者数（通勤率）は、１９７５年には２６９７人（３・５％）であったのが、１９９５年には３８５０人（４・６％）へと、増加、上昇した。岐阜市に対しても、１９７５年の４５６７人（５・９％）から１９９５年の５７１９人（６・８％）へと通勤者数、通勤率の増加、上昇がみられた。このように、名古屋市、岐阜市いずれに対しても、通勤率自体は低いものの、通勤依存度がやや高まっていったのが１９９５年までの特徴であったといえる。しかし、同期間において大垣市内で就業する人口（従業地就業者）も増加しており、単純に名古屋市、岐阜市への通勤流出を強めてきたわけではない。その証拠に、就従比（従業地就業者／常住地就業者×１００）は１９７５年から１９９５年にかけて１０３あたりでほとんど変化がなく、地域中心都市としての性格を維持していたことがわかる。

１９９５年以降になると、それまでのような名古屋市や岐阜市への通勤率の上昇はみられず、ほぼ横ばいとなっている。これに対し、就従比は１９９５年の１０３・７から２０１５年の１０５・７へと２ポイント上昇した。１９９５年までが、名古屋市や岐阜市への依存度を高めてきた時期であるとすると、１９９５年以降は、大垣市の地域中心性を高めてきた時期に相当するといえる。

次に、人口移動から名古屋市や岐阜市との関係をみていく（表４）。入手できるデータのうち最も古い１９８１年と最新年次（２０２０年）を比較すると、大垣市の人口移動特性が大きく変わってきたことがわかる。１９８１年には、西濃地域（大垣市以外）への大幅な転出超過がみられた。これは、住宅を求め

表４　大垣市の転入超過数

年	1981	2020
西濃地域（大垣市以外）	−258人	208人
岐阜市	−18人	−85人
愛知県	37人	−90人

注：1981年の大垣市域には旧墨俣町，旧上石津町を含んでいる．岐阜県人口動態統計調査をもとに作成．

て大垣市から周辺地域に居住地移動した人が多いことを意味する。大垣市を中心都市、大垣市を除く西濃地域町村を郊外とする小規模な都市圏内人口移動と位置づけることができる。岐阜市や愛知県との間には大きな転入・転出超過はみられない。名古屋大都市圏としてのスケールでは中心都市側に相当する愛知県との間でも、わずか37人の転入超過である。1981年は、三大都市圏における人口の郊外化が顕著にみられていた時期である。そうした時期にあっても愛知県との間でほとんど転入超過がみられなかったという事実は、大垣市が名古屋大都市圏郊外のベッドタウン的な都市としての性格が小さいことを意味する。

2020年をみると、西濃地域との間の移動が、転出超過から転入超過へと変化している。小規模な都市圏内における「人口の都心回帰」とでもいうべき現象である。一方、岐阜市や愛知県との間では転出超過が拡大している。とりわけ愛知県との間に、1981年にはわずかながらも転入超過であったのが、90人の転出超過へと転じたことは、名古屋大都市圏スケールでの「人口の都心回帰」にかかわる動向といえるかもしれない。

◆大都市圏外縁部に位置する地域中心都市のメリット

大垣市は名古屋大都市圏の外延部に位置する都市であり、上記の考察からも、地域中心都市でありつつ、大都市圏外縁部の都市としての性格も持ちあわせていることが明白である。大都市圏から遠距離に位置する地方圏であれば、大垣市と同規模の都市の多くが生活圏の中心都市として機能していることは想像に難くない。しかし、大都市圏外縁部に位置する大垣市の場合、比較的近くにある大都市（名古屋市）との関係が、ベッドタウン的な都市ほど強くないが、決して弱くもないという特徴を持つ。

ベッドタウン的な発展を経験した都市のなかには、短期間に特定年齢層が集中的に流入したために、現在ではオールドタウン化の問題に直面しているところも多い。これに対し、ベッドタウン的な発展の小さかった大垣市は、年齢構成が大きく偏ることがなかった。電子部品・デバイス製造業など、若年層の定着が見込める地元企業の成長も継続している。地域中心都市であるがゆえに、行政施設、福祉施設も集積している。名古屋市には鉄道などで容易にアクセスできる位置にあり、平日は大垣市内の職場、休日には名古屋市内へ買い物にでかけることも不可能ではない。

東京大都市圏や京阪神大都市圏であれば、中心都市へ鉄道で30分の範囲はほぼその通勤圏に入り、ベッドタウンに組み込まれてしまっているであろうし、休日に中心都市（東京、大阪）へ出かける際にも混雑は避けられない。これに対し大垣市の場合、名古屋市へ30分で到着できるうえに、東京大都市圏や京阪神大都市圏の郊外都市が経験しているような鉄道混雑も小さい。さらには、名古屋方面に向かう東海道本線新快速の始発駅であることも、鉄道で名古屋へ向かう際のメリットであろう。このように、大都市（名古屋市）との「近すぎず、遠すぎず」の関係は、大垣市の魅力の一つである。

（稲垣　稜）

［注］

（1）「ガチャマン景気」とは、織機をガチャンと1回織れば1万円儲かるという、繊維産業が当時盛んであったことを示す言葉である。

（2）山口泰史（2018）『若者の就職移動と居住地選択―都会志向と地元定着』古今書院。

（3）小畑和也（2012）「産業拠点におけるアプリケーション開発者育成政策の研究―岐阜県大垣市のソフトピアジャパンを事例に」創造都市研究8―2、31―47頁。

（4）稲垣　稜（2014）『現代社会の人文地理学』古今書院。

三重県 名張市 「東海地方」にある「大阪大都市圏」最外縁部のベッドタウン

◆中京圏にある大阪大都市圏郊外の都市

三重県は近畿地方なのか、それとも中部地方（東海地方）なのか。これはよく問われる問題である。三重県のホームページによると、「中部地方にも近畿地方にも属している」らしい。近畿圏整備法における「近畿圏」、中部圏開発整備法における「中部圏」のいずれにも指定されているし、中部圏知事会にも近畿ブロック知事会にも参画している。(1) 大阪、名古屋の両経済圏の境界に位置する地域としての特徴が明瞭に表れている。

三重県内の北勢《ほくせい》地域（四日市《よっかいち》市、桑名《くわな》市など）は、名古屋との結びつきが強く、名古屋大都市圏や中京工業地帯の一部となっている。これに対し、大阪との密接なつながりをもつのが伊賀《いが》地域であり、なかでも名張《なばり》市はその傾向が強い。名張市内で購読されている新聞をみると、両経済圏が入り組んでいる様子がよくわかる。地元紙である伊勢新聞などに加え、中部地方（東海地方）であるがゆえに名古屋のブロック紙である中日新聞も当然のことながら流通している。興味深いのは、主要全国紙（読売、朝日、毎日、産経など）のいずれにおいても、名古屋本社発行ではなく大阪本社発行のものが流通している点である。テレビについては、近畿エリア、東海エリアいずれのテレビ局の番組も視聴可能である。全国紙と中日新聞のテレビ番組欄（図1）には、両エリアの主要テレビ局の番組が掲載されている。[2] このように名張市内では、大阪、名古屋のいずれの情報も入手することが容易である。

本稿では、名張市が、中部地方（東海地方）にありながら大阪との結びつきを強めていった経緯と現在の課題について紹介する。

◆大阪のベッドタウン化

１９２２年に旧・伊賀鉄道[3]が伊賀上野駅から西名張駅までを開業し、１９３０年には参宮《さんぐう》急行電鉄（現・近鉄）が名張まで路線（現・近鉄大阪線）を延伸したものの、当時の名張は、江戸時代の陣屋町・宿場町の面影を残しつつ、周辺には田園が広がる地方小都市の一つに過ぎなかった。

戦後も１９５０年代まではこの特徴に大きな変化はなかった。これを大きく変えたのが、１９６０年代に入ってからの大規模住宅地開発である。その第1号が、近鉄による沿線開発の一環として建設された桔梗《ききょう》が丘《おか》住宅地である（３７１８区画）[4]。１９６４年には、近鉄大阪線の名張駅と美旗《みはた》駅の間に桔梗が丘駅が開業した[5]。住宅地開発がすすむにつれて、急行列車や特急列車が桔梗が丘駅に停車するようになった。これにより、大阪への時間距離が大幅に短縮され、桔梗が丘住宅地の西側（桔梗が丘西、１５０４区画）、南

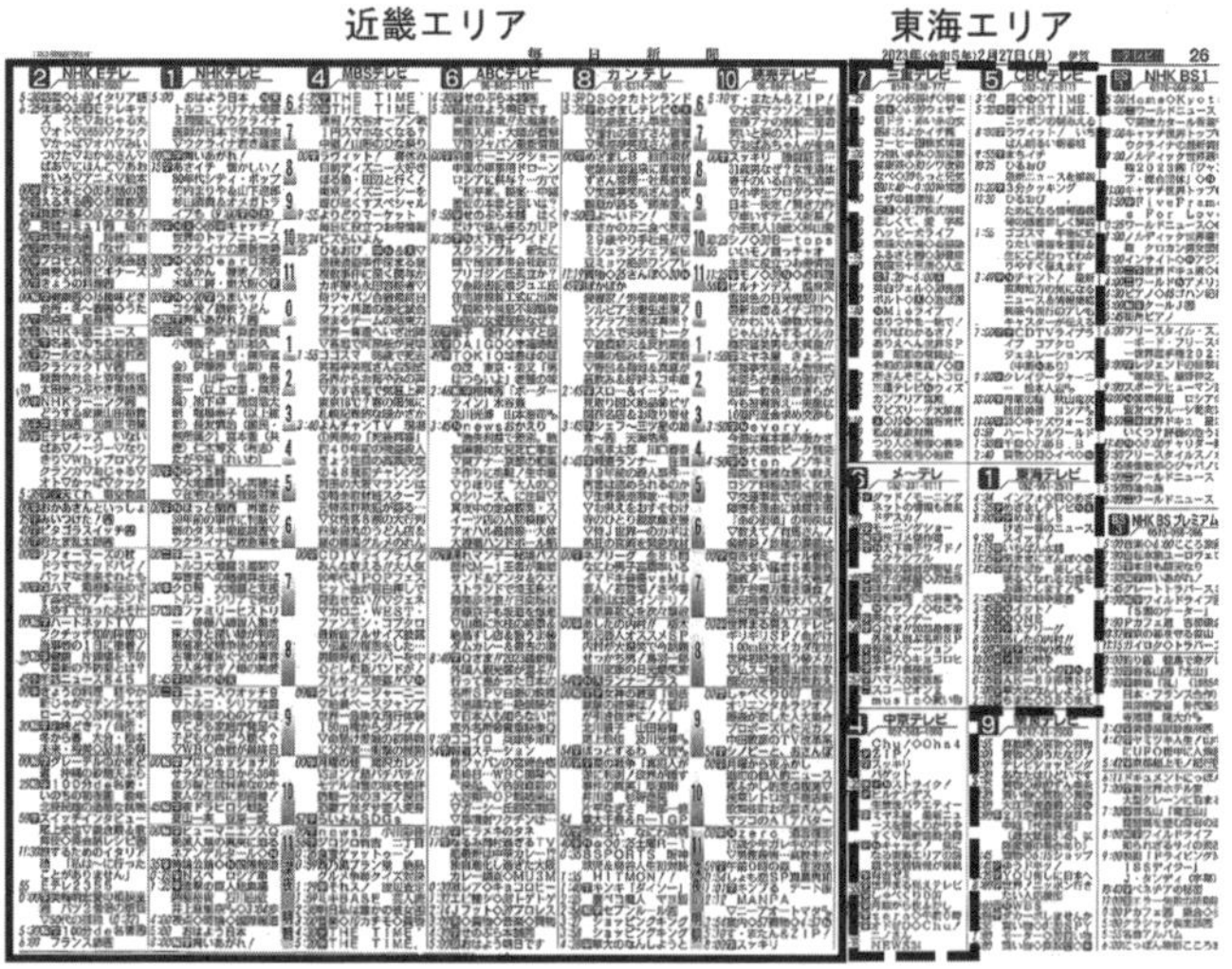

図1　名張市内で入手した全国紙（毎日新聞）のテレビ番組欄
毎日新聞 2023 年 2 月 27 日朝刊より.

側（桔梗が丘南、620区画）にも住宅地開発が拡大していった。名張市内におけるその他の主な住宅地として、1000区画以上の住宅地を工事着手順に挙げると（名張市統計書2020年版）、富貴《ふき》ヶ丘（1970年、1776区画）、緑が丘（1972年、1084区画）、つつじが丘（1976年、4668区画）、すずらん台（1978年、2386区画）、百合《ゆり》が丘（1978年、2860区画）、梅が丘（1983年、2600区画）、春日《かすが》丘（1993年、1003区画）がある（図2）。

これらの住宅地開発による人口増加は顕著であった。1995年には人口3万0084人であったが、1960年代後半から1990年代にかけて急増し、2000年には8万3291人となった（国勢調査より）。こうした人口増加の多くが他地域からの転入によってもたらされたものである。国勢調査をもとに、名張市において転入超過数の多かった地域をみてみたい（表1）。

人口増加の続いていた1990年をみると、大阪大都市圏の中心部に相当する大阪府からの転入者数

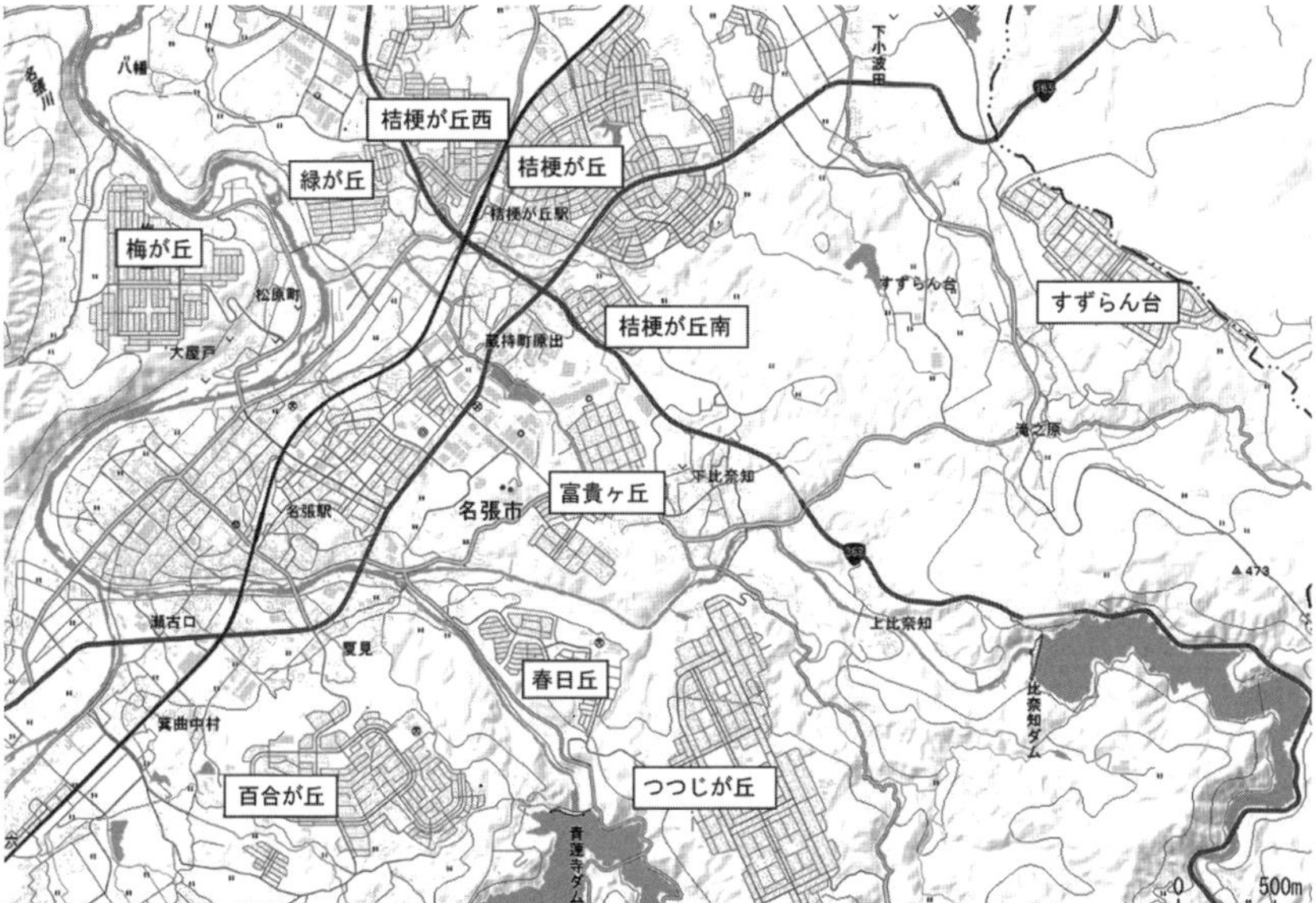

図2　名張市内の大規模住宅地

1000区画以上のものを地理院地図上に示した．名張市統計書2020年版により作成．

が多く、それらの地域との間の転入超過数も非常に大きい。つまり、大阪方面から住宅を求めて移動してきた人々が多かったことが推察できる。一方で、中京圏の中心部に相当する愛知県からの転入は少なく、わずかではあるが転出超過がみられる。ここからも、名張市は、中部地方（東海地方）に位置しながらも実質的に大阪大都市圏の一部であることが明瞭である。通勤率の推移をみると（図3）、1960年代から1980年代に大阪市への通勤率が大幅に上昇しており、先にみた大阪方面からの転入者の多くが大阪市で就業する人々であったことが推察できる。

このように、名張市は大阪大都市圏の郊外として発展してきたことがわかるが、近鉄大阪線で桔梗が丘駅から大阪上本町《うえほんまち》駅までは快速急行で約1時間10分もかかる。名張市内の住宅地から最寄の駅（名張駅や桔梗が丘駅）までの移動や、大阪市内での職場までの移動も考慮すれば、多くの名張市民が大阪へ通勤するには2時間ほどはかかると思われる。通勤にかける時間としては限界に近く、実際に名張市よりも東側（大阪からみて外側）にはベッドタウン的な都市はみられない。すなわち、名張市は大阪大都市圏の最外縁部に開発された都市であるといえる。

◆ベッドタウン化の終焉

高度経済成長期に人口増加を経験した大都市圏郊外の都市の多くが、現在人口停滞の局面にあるのは、よく知られた事実である。名張市においても、２０００

表1　名張市における転出入

	1990年（人）			2020年（人）		
	名張市へ転入	名張市から転出	転入超過	名張市へ転入	名張市から転出	転入超過
三重県内	1,543	1,113	430	1,727	1,302	425
大阪府	8,650	1,488	7,162	781	1,175	−394
奈良県	2,387	785	1,602	569	632	−63
愛知県	263	315	−52	289	411	−122
東京都	195	261	−66	121	241	−120

注：「三重県内」には名張市内での転居は含まない．国勢調査により作成．

年の８万３２９１人をピークに人口は減少傾向にあり、２０２０年には７万６３８７人にまで減少している（国勢調査より）。実際、２０００年代以降に工事が開始された大規模住宅地は存在しない（名張市統計書２０２０年版）。先ほど、１９９０年においては大阪府との間に転入超過数が多かったことを述べたが、２０２０年になるとその状況は一転している。大阪府からの転入者数は大幅に縮小し、大阪府との関係も転入超過から転出超過へ転じた（表１）。名張市からみて大阪大都市圏の内側に位置する奈良県に対しても転出超過に転じている。

　ベッドタウン化が終わりを迎えた都市としての特徴は、通勤流動にも顕著に表れている。１９６０年代から１９８０年代にかけて大阪市への通勤率が上昇してきたことは先に述べた通りであるが、１９９０年代以降は逆に大幅な低下傾向にある。１９９０年代以降の大都市への通勤率の低下傾向は他の郊外都市においてもみられるが[6]、名張市の場合はその低下が急速であることが特徴である。また、大阪市への通勤者数自体の減少も著しく、２０２０年の大阪市への通勤者数（１７４４人）は、人口郊外化の前である１９６５年のそれ（１８０６人）をも下回っている。

　この減少の主因は、大阪市への通勤者の退職によるものと考えられるが、これほどまでの大幅な減少を示す都市は少ないのではないだろうか。郊外都市のなか

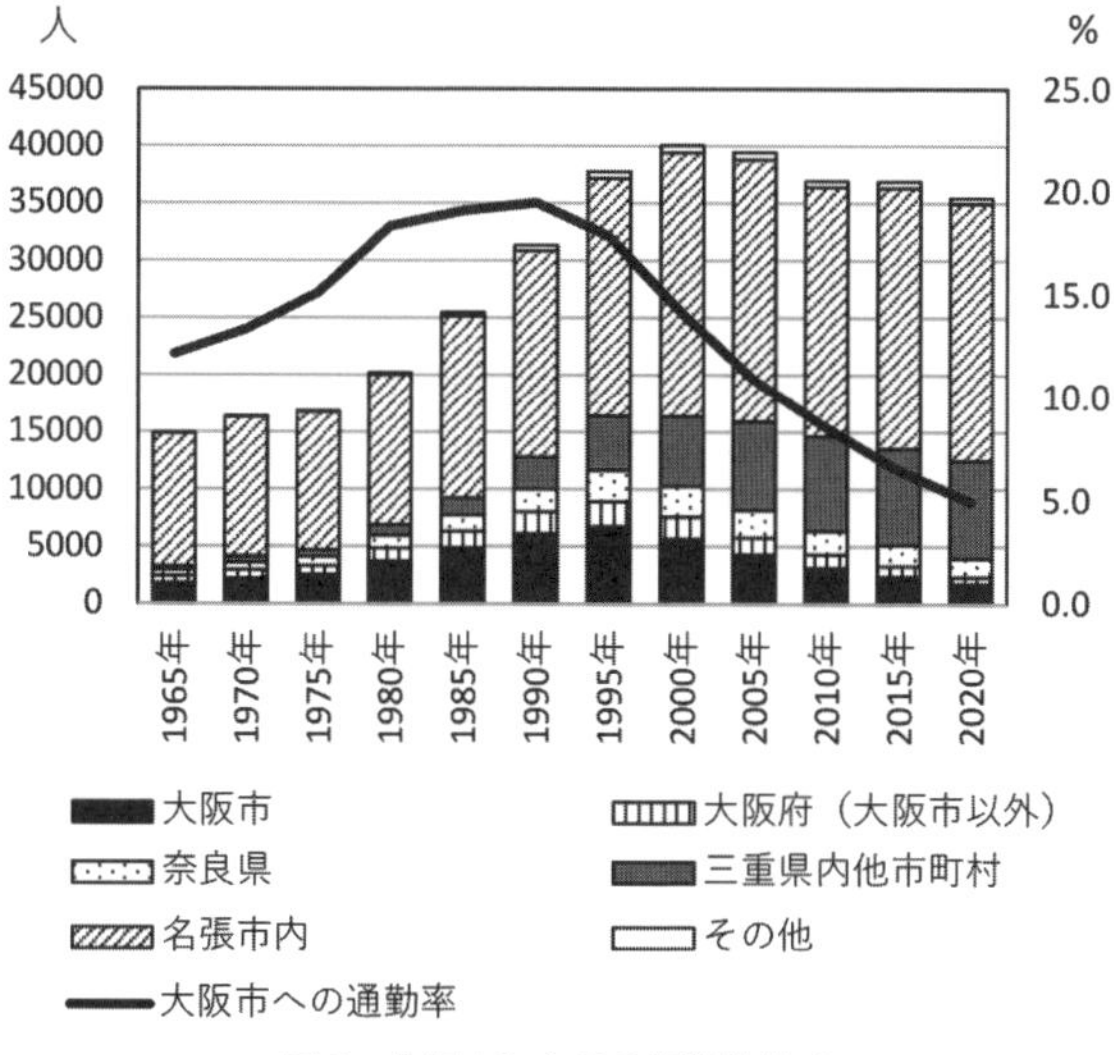

図３　名張市における通勤先構成

注：左軸は各通勤先への通勤者数（人），右軸は大阪市への通勤率（%）．国勢調査により作成．

でも、大都市に比較的近い都市においては、少なくなってきたとはいえ、住宅を求めて居住地移動してくる大都市就業者（つまり大都市への通勤者となる人々）は少なからずいる。これに対し、最外縁部に位置する名張市では、住宅を求めた転入は非常に少なくなっており、大都市（大阪市）への通勤者となりうる人が増えることは考えにくい。結果として、大阪市への通勤者の退職が続くことにより、大阪市への通勤者、通勤率のいずれも大幅に減少、低下していく。これが、大都市圏の最外縁部に位置する郊外都市の現実でもある。

◆商業の動向

名張駅の西側には、近世の陣屋町・宿場町として栄えた地区があり、名張市の中心市街地として発展してきた。１９７４年にこの地区に開店したジャスコシティ名張（現・イオン名張店）が、長らく名張市内唯一の大規模小売店であった。もう一方の核となる桔梗が丘駅前には、１９９０年に近鉄プラザ桔梗が丘が開店した。これは、１９６５年に開店したスーパーマーケットの近商ストアを発展させたものである。その後、近鉄プラザ桔梗が丘は、百貨店（桔梗が丘近鉄百貨店）に「格上げ」される。桔梗が丘における住宅地開発の進展がその背景にあるのは言うまでもない。

このように、名張市内の大規模小売店は駅前、中心市街地に限定されていたが、１９９０年代以降は郊外にも出店が本格化していく。主要なロードサイド沿いには、大型の駐車場を備えた店舗の立地が著しい。とりわけ規模が大きいのは、ＭＥＧＡドン・キホーテＵＮＹ名張店、名張ガーデンプラザであり、それぞれ店舗面積は１万５４１６㎡、１万４０３０㎡と、中心市街地にあるイオン名張店（１万９０５２㎡）に次いで大きい。これら以外にもロードサイド型店舗は数多く存在しており、名張市内の大規模小売店の大半はロードサイド型店舗に分類される（全国大型小売店総覧２０２３年版より）。

こうしたロードサイド型店舗とは対照的に、中心市街地に存在する中小小売業の衰退は著しい。中心市街地内の商店街には、現在では人通りも少ない。約50年前に上本町《うえほんまち》サンロード商店街に設置されたアーケードも、ついに２０２３年２月に撤去が開始された（写真１）。

名張市内唯一の百貨店であった桔梗が丘近鉄百貨店も、２０１８年に撤退した。桔梗が丘近鉄百貨店が撤退した後、同建物には、三重県内で店舗展開するスーパーマーケットである「ぎゅーとら」が出店したものの、わずか２年で撤退した。現在、この建物は使用されないままとなっている（写真２）。桔梗が丘住宅地の発展とともに小型スーパー（近商ストア）、総合スーパー（近鉄プラザ桔梗が丘）、そして百貨店（桔梗が丘近鉄百貨店）へと格上げされていったものが、住宅地開発の

写真１　撤去される上本町サンロード商店街のアーケード
2023 年 3 月稲垣撮影.

写真２　旧桔梗が丘近鉄百貨店
手前の空き地には，以前は子ども用品店の西松屋が出店していたが，2019 年に桔梗が丘駅前から撤退し，新たにロードサイド沿いに新店舗を開業させた．2023 年 3 月稲垣撮影.

終焉とともに閉店を迎えるのは、いささか寂しいものである。

◆空き家問題・空き区画問題

高度経済成長期に住宅地開発のすすんだ大都市圏郊外においては、現在、空き家の増加が顕著である。[7] 高齢化がすすみ、老人ホームへ転居したり死亡したりする人が増加するにつれて、放置されたままの空き家も増加している。こうした空き家には適正な管理がなされないものも多く、景観面、衛生面、防犯面の悪化も懸念されている。

図４は、名張市における空き家数の推移を示したものである。図中の「二次的住宅」とは、休暇時に保養などの目的で利用するためのもので、ふだんは人の住んでいない住宅を指す。「その他の住宅」とは、「二次的住宅」「賃貸用住宅」「売却用住宅」のいずれにも該当しないもので、先に述べた放置された住宅なども含まれる。「その他の住宅」の増加が著しいことから、名張市は典型的な郊外都市の空き家問題を経験しているといえる。こうした状況に対し、名張市では２０１６年に「名張市空家等対策計画」を策定して対策を講じているところであるが、十分な解決には至っていない。

空き家と並び、空き区画も名張市の課題の一つである。人口の都心回帰などにより、大阪大都市圏の最外縁部に位置する名張市内での住宅ニーズは大きく低下しているといってよい。これは、先にみた転入者数・転出者数の推移（表1）からも明らかである。人口減少社会においては、数少ない潜在的郊外居住希望者をめぐって郊外都市間の獲得競争が繰り広げられるが、大都市圏最外縁部の名張市は、地理的に不

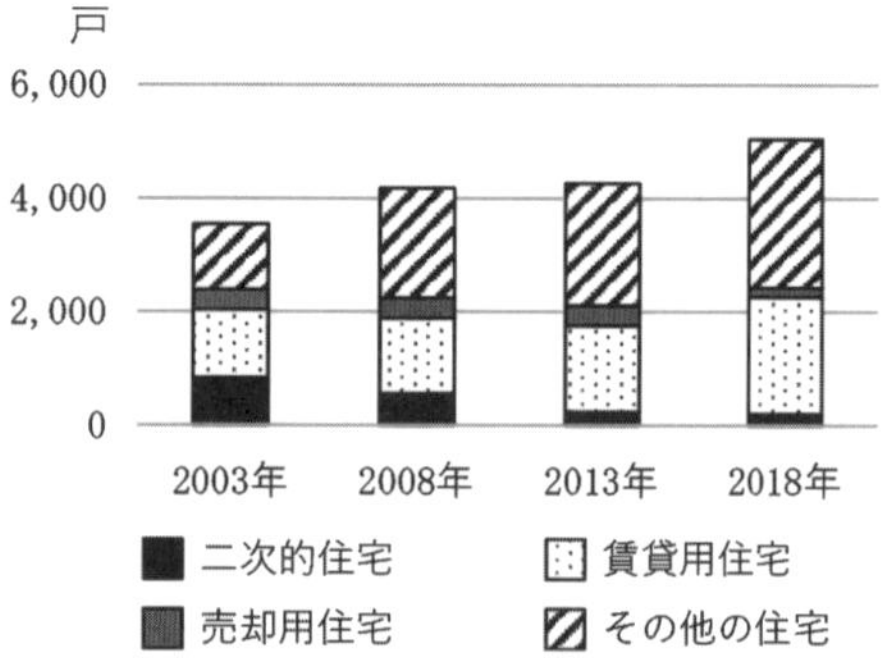

図４　名張市における空き家数の推移
住宅・土地統計調査により作成.

利な条件をもっている。その結果、名張市内でも、特に鉄道駅から遠隔地に建設された住宅地のなかには、区画が十分に埋まらないところもいくつか存在する。

こうした空き区画を満たすため、最近では太陽光パネルを設置する例も見受けられる。写真3は、近鉄グループの近鉄不動産が自ら開発した住宅地の空き区画に設置した太陽光パネルである。大都市圏最外縁部においては、過度な宅地造成によって生み出された区画を埋めるために、こうした住宅以外の用途に転用される事例が今後も増えていくものと思われる。

◆名張市における鉄道の意義

以上のように、大都市圏最外縁部の住宅都市である名張市には様々な課題が存在する。そうしたなかで、名張市の再活性化に向けての一つの可能性として、充実した鉄道交通を活かすことが考えられる。名張市には、近鉄による沿線開発を契機として開業した桔梗が丘駅をはじめ、近鉄大阪線によって大阪と直接つながる鉄道駅がいくつか存在する。

一般的に大都市圏の最外縁部には鉄道路線そのものが少なく、自動車に依存せざるを得ない地域が多い。そうした地域では、過度な自動車依存によって、唯一の公共交通である路線バスの縮小・廃止もすすんできた。これに対し、名張市の場合は、近鉄大阪線の駅を都市構造の核とすることによって路線バスの維持も期待できる。近

写真3　住宅地の空き区画に設置された太陽光パネル
2023年3月稲垣撮影.

隣都市にはないこうした利点を最大限に活かすべきである。自動車に依存して鉄道利用者が減少し、運行本数がさらに削減されたり駅や路線そのものが廃止されたりすれば、それこそ取り返しのつかない事態となる。「限界ニュータウン」の用語などで厳しい状況が語られる大都市圏最外縁部のなかでも、名張市が再生の成功例として挙げられる日が来ることを願っている。

（稲垣　稜）

［注］

（１）https://www.pref.mie.lg.jp/KIKAKUK/HP/renkei/0951901l959.htm（２０２４年４月17日最終確認）
（２）地元紙である伊勢新聞の番組欄には、東海エリアのテレビ番組のみが掲載されている。
（３）旧・伊賀鉄道は、後に近鉄（当時は大阪電気軌道）に買収され近鉄伊賀線となったものの、２００７年に近鉄から切り離されて現在の伊賀鉄道となった。
（４）計画区画数。以下に挙げる住宅地の区画数も同様。
（５）これと連動して、近鉄大阪線とほぼ平行していた近鉄伊賀線（当時）の伊賀神戸駅―西名張駅間が廃止された。
（６）稲垣　稜（２０２１）『日常生活行動からみる大阪大都市圏』ナカニシヤ出版。
（７）由井義通・久保倫子・西山弘泰編（２０１６）『都市の空き家問題　なぜ？どうする？―地域に即した問題解決にむけて』古今書院。

広島県 東広島市 増える人 消える赤瓦

◆瀬戸内の恵み

東広島市《ひがしひろしま》は、広島県に位置している。広島県といえば、柑橘類の生産が盛んで、特にレモンは日本一の収穫量を誇る[1]ということはご存じだろうか。今ではレモンを使用した調味料や菓子など、多くの商品が誕生している。また、漁業生産額の約７割を牡蠣の養殖が占めており[2]、こちらも県の特産品として広く認識されている（写真１）。

観光資源にも富み、広島市内の原爆ドームや広島平和記念資料館（原爆資料館）、宮島の厳島《いつくしま》神社（廿日市市《はつかいち》）などへの交通アクセスも良く、広島市は多くの旅行客や修学旅行生を迎え入れている。厳島神社のシンボルでもある大鳥居は、２０２２年末に約70年ぶりの大規模改修工事を終えたばかりだ[3]（写真２）。他にも、しまなみ海道など、サイクルツーリズムの名所として発展しており、外国人観光客も多く訪れる。広島を訪れる外国人観光客は、アジアより欧米

写真１　正福寺山公園から臨む瀬戸内海
安芸津町に位置する正福寺山公園からは，瀬戸内海を眺めることができる．写真奥には牡蠣筏が見えている．2023 年 4 月 1 日杉谷撮影．

諸国からの旅行客が多い[4]ということも興味深い点である。

◆東広島市の概要

東広島市は広島市の東側、県の中央に位置し、県内各地への交通の便の良い土地といえる。２０１７年には、ＪＲ山陽本線の西条《さいじょう》―八本松《はちほんまつ》間に寺家《じけ》駅が新規開業、２０２３年には国道２号東広島バイパスが開通し、広島市との往来がより容易になった。１９７４年に市となった東広島市は、２００３年の合併を経て現在は９つの地区で構成されている（図１）。市の人口は増加傾向にあり、２０２０年時点での人口は20万人弱となった。人口規模で並べると西条が最も多く、高屋《たかや》、八本松、黒瀬、安芸津《あきつ》、河内《こうち》、志和《しわ》、豊栄《とよさか》、福富《ふくとみ》の順になる。テクノポリス構想下で、広島大学をはじめとする高等教育機関やサイエンスパーク、工業団地などの集積が図られ

図１　東広島市内の９地区

東広島市 HP「ひがしひろしまっぷ」（https://www.sonicweb-asp.jp/higashihiroshima/）トップ画面の位置図に，地区名と境界，隣接市町村名を加筆.

ている。

市域には盆地状の地形が広がり、山間部から沿海部を含む自然豊かな地域といえる。しかし一方で、広島県は真砂土《まさど》（花崗岩が風化した土）が分布しているため土砂災害が起こりやすく、東広島市も例外ではない（写真3、4、5）。2018年7月の豪雨では東広島市内で死者12名、関連死8名、行方不明者1名の犠牲が出ており、市内を通る多くの道路が寸断された[5]。

写真 3　鏡山公園に残る災害の爪痕
鏡山城跡のふもとにつくられた鏡山公園は桜の名所として市民に親しまれている．写真は土砂災害が発生した箇所で，現在は土嚢が積まれている．2023 年 4 月 2 日杉谷撮影．

写真 4　鏡山公園の治山ダム
豪雨災害を受けて，公園内に新たに設置されていた．治山ダムの一種とみられる．2023 年 4 月 2 日杉谷撮影．

写真 5　憩いの森公園の治山ダム
手前の数基は 1994 年のもの．奥の 1 基は 2018 年 7 月豪雨後に設置された．2023 年 4 月 2 日杉谷撮影．

写真 2　厳島神社の大鳥居（廿日市市宮島町）
工事の足場が残った状態を見物する様子．2022 年 11 月 12 日杉谷撮影．

◆東広島の赤瓦と住宅

この地域では、住居や納屋の屋根に寒さに強い石州瓦《せきしゅうがわら》を使用してきた。地元ではもっぱら「赤瓦」の名で親しまれており、その名の通り褐色の瓦である。つややかで光沢のある釉薬が使用されており、「油瓦」ともよばれる（写真6）。もともと平地には田園が広がる農業を主とする地域であったため、古くからの民家は居蔵《いぐら》造りの母屋と農具を納める納屋で構成されている。装飾的な赤瓦を載せた白壁の民家が田園に点在する、独特の雰囲気と美しさをもつ景観をつくり出してきた（写真7）。この景観は、住民には見慣れた風景であるが、他県より訪れた人々には新鮮に映ることだろう。しかし、西条を中心に農家の廃業や住宅の建て替えなど、時代の流れとともにこの景観は徐々に消えつつある。加えて、都市計画における「計画的市街地誘導地区」指定も、この

写真６　石州瓦を使用した道の駅の建物
「道の駅西条 のん太の酒蔵」は 2022 年にオープンした，酒蔵をモチーフにした道の駅である．東広島市の観光マスコット「のん太」の名前がつけられている．2023 年 4 月 2 日杉谷撮影．

写真７　赤瓦と白壁の民家のある景観
田が広がるなかに家々が点在している．田植えから収穫に至るまでその時々の表情をもつ田は，民家の赤瓦・白壁とともに独特な色彩の風景をつくりだしている．2017 年 11 月 12 日杉谷撮影．

動きを加速させるものといえるだろう。また、近年建てられる住宅では、よほどのこだわりでもない限りこの赤瓦は選ばれなくなっている。全国的な瓦産業の縮小、建築様式の変化、住宅敷地面積の狭小化や、葺き替えなどの維持費がかかることがその理由として挙げられる。２０１６年の熊本地震で瓦屋根の脆弱な側面が注目されたことも、瓦を敬遠する風潮を生み出しているようだ。新しく赤瓦を使用しているのは、公共施設など限られている。

景観の変化を語るうえでは、ミニ開発の増加やマンションの建設も無視できない（写真８、９）。東広島市は人口増加が顕著な地域であり（図２）、特に西

写真 8　田園地域に建設された住宅地

近年は 10 戸前後のミニ開発が主流となっている．既存の住宅の隙間を埋めるように開発されており，通りの景観としては建築様式の混在したまとまりのないものとなっている．2017 年 11 月 12 日杉谷撮影．

写真 9　JR 寺家駅北口からの様子

駅の南口付近にはマンションが建設されている．2022 年 12 月 3 日杉谷撮影．

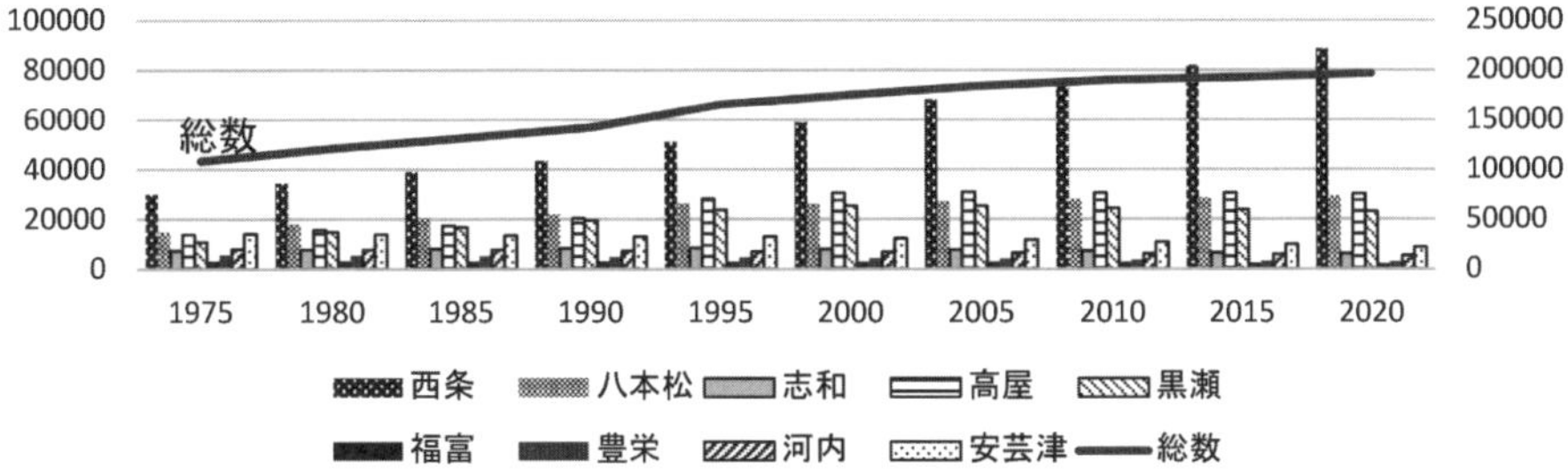

図 2　東広島市の人口推移（地区別）

左軸は地区の人口（単位：人），右軸は総数（単位：人）．国勢調査により作成．

条はJR寺家駅の開業に伴い、多くの若い世帯が流入してきている（写真10）。一方、志和、福富、豊栄、河内、安芸津では人口の減少が確認できる。換言すると、市内の人口は西条を中心に八本松、高屋、黒瀬への集中が進んでいるといえる。これらの地域では土地利用にも変化がみられ、田畑のアパート転用に始まり、近年は小規模な新興住宅地が散見される。さらに既存の大規模な住宅団地は、世代交代に伴い土地の細分化が進みつつある。細い道路のまま宅地化や高層マンションの建設が進む地区もあり、人口増加にともなう整備はやや遅れている印象であり、市の課題ともなっている。

◆東広島のレジャー

東広島市の一大イベントといえば、「酒まつり」であろう。酒どころとして有名な西条では、毎年10月の第2土曜日と第2日曜日の2日にわたって開催され、日本酒のファンが全国から訪れ酒や郷土料理などを楽しむ。期間中は酒蔵の敷地が広く開放され酒などが提供されるほか、ブールバール[6]などJR西条駅周辺の通りには様々な屋台が並び、老若男女を問わず人が集まる。新型コロナウイルスの流行によりオンラインでの開催を試みた年もあったが、3年ぶりに現地で開催された2022年には2日間で約14万人が来場した[7]。

酒蔵の集まる通りは、ふだんは落ち着いた雰囲気で、赤瓦やなまこ壁が印象的で風情があり、散策する観光客の姿がみられる（写真11、12）。この酒蔵通りから徒歩圏内には、東広島市立美術館（写真13）が

写真10　建築中の住宅がみられる住宅地

JR寺家駅の東側には，多くの新築戸建て住宅が並ぶようになった．児童数の増加にともなって，2018年に東広島市立龍王小学校が開校した．2022年12月3日杉谷撮影．

写真 11　酒蔵の集まる通り
「酒蔵通り」と呼ばれる通りを含むこのエリアは，「日本の 20 世紀遺産 20 選」に選ばれている．2023 年 4 月 2 日杉谷撮影．

写真 13　東広島市立美術館の外観
1979 年に八本松町に開館した東広島市立美術館は，2020 年に西条栄町に移転した．隣接した広場では，日中は子どものにぎやかな声が聞こえ，夜は若者たちがスケートボードをするなど，市民の活動の場として利用されている．2023 年 4 月 2 日杉谷撮影．

写真 12　酒蔵通りのポスト
周囲の景観と色調を合わせており，酒蔵と観光マスコット「のん太」がデザインされている．2023 年 4 月 2 日杉谷撮影．

移転しており、新たなレジャースポットとして注目されている。市内中心部への移転とあって、利便性が向上した結果、来館者数は大幅に増加した（図3）。市街地近くには、自然が豊かな公園も立地する。鏡山公園や憩いの森公園などは、週末など家族連れが多く訪れるスポットである。とりわけ花見シーズンは多くの人でにぎわう。中心市街地外は車での移動が主となることもあり、道の駅も盛況している。ドライブがてら、まちなみや家々のつくる景観に目を向けてみるのも面白い。

（杉谷真理子）

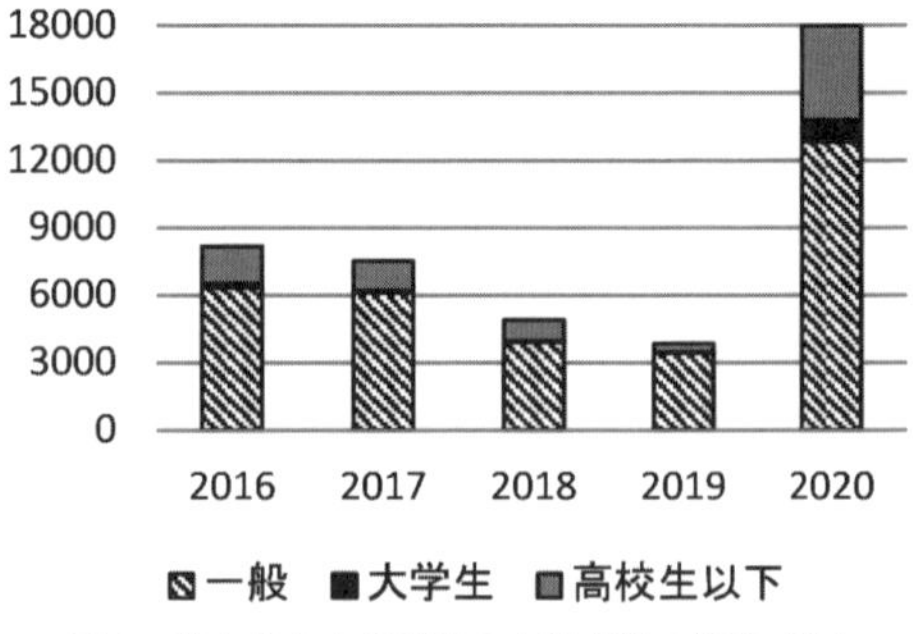

図3　東広島市立美術館の来館者数の推移（人）
東広島市「統計で見る東広島 2021」により作成.

［注］
（1）農林水産省「令和2年産 特産果樹生産動態等調査」による。
（2）広島県（２０２２）『広島県の農林水産業』による。
（3）一般社団法人宮島観光協会ウェブサイトによる。
（4）広島県（２０２０）『令和２年 広島県観光客数の動向』による。
（5）東広島市（２０２１）『東広島市 平成30年7月 豪雨災害記録誌』による。
（6）ＪＲ西条駅と広島大学東広島キャンパスを結ぶ大通りの名称。
（7）TBS NEWS DIG Powred by JNN (https://newsdig.tbs.co.jp/articles/-/174979?display=1) ２０２３年４月17日閲覧。

香川県 高松市　四国の「玄関口」

◆高松の思い出から

高松は筆者が幼少の頃に祖父母が住んでおり、長期休みのたびに帰省し過ごしていた思い出の地の一つである。散歩好きな祖父に連れられて早朝にたびたびスクーターで峰山《みねやま》に登ったこと、栗林《りつりん》公園や高松三越によく連れて行ってもらったこと、中央公園で高松踊りの絵を描いたこと、そして三越で迷子になり一人で祖父母の家まで歩いて帰ったことなどを今でも覚えている。

「四国の代表都市はどこか」という問いかけに対しては、2つの答えがあるだろう。すなわち、中枢管理機能の立地状況からみれば高松、人口規模でみれば松山である。なお、高知生まれ徳島育ちの筆者にとっては、いずれも甲乙つけがたい大都市である。

話題閑休、高松は歴史・文化に関する様々な魅力を有しており、近年は「うどん県」の県都としてのPRも盛んであるが、とりわけ地理学の立場から都市の魅力を述べるにあたって必要不可欠な視点は、サブタイトルに挙げた「玄関口」であろう。鉄道が長期離移動の中心であった頃、本州と四国を結ぶ宇高《うこう》連絡船が発着する高松は、文字通り四国の玄関口であった。しかし、モータリゼーションの進展、ならびに瀬戸大橋開通などを経て、四国の中心都市としての位置づけは変わりつつある。そこで本章では、玄関口を主なテーマに据えつつ、高松の都市的魅力を描いていくことにしよう。

◆四国の玄関口とその歴史

「玄関口」は一般にも利用される言葉であるが、地理学的な見地からはどのように考えることができるだろうか。ここでは、ゲートウェイ（和訳すれば玄関口）の地理学的意味を検討した林（２０２０）[1]を参考にしたい。林は、ゲートウェイは人や物資が交通手段により集まったうえでさらにその先へ移動していく結節点であるとともに、その結節点を境にして性質の異なる世界を結びつけ連絡し合う場所であるとしている。そして遠来からの人や物資を迎え入れたり送り出したりすることが、都市のゲートウェイ機能であることなどを指摘している。

四国は本州と海を隔てて分かれているため、互いにとって「性質の異なる世界」であり、必然的にどこかの港町、すなわち玄関口から出入りすることになる。そのため「四国の玄関口」は、高松以外にもいくつか挙げられる。たとえば三津浜《みつはま》（愛媛県）は、明治期には神戸―松山を結ぶ航路の発着地であった。小説『坊ちゃん』で主人公が作中で「こんな所」などと表現しているように、四国が東京とは異なる世界として描かれている。鳴門《なると》（徳島県）はかつて撫養《むや》と呼ばれ、阿波の五街道の一つ、撫養街道の起点である四国の玄関口であった。その他、香川県内をみれば、丸亀《まるがめ》は金毘羅宮《こんぴらぐう》に参詣する人々が四国に上陸する玄関口であり、現在でも道標や灯籠、鳥居などが点在し、当時の賑わいを偲ぶことができる。

しかし、高松が「四国の玄関口」として真っ先に挙がる都市であることに異論はないであろう。高松市民にとっても、四国の玄関口であることは一つの誇りであるという。高松の歴史を紐解いてみると、豊臣秀吉の家臣である生駒親正《ちかまさ》が領主として讃岐国へ入国し、１５８８（天正16）年に高松城（別名：玉藻《たまも》城）を築城[2]、城下町を開設したことに始まる。その後、１６４２（寛永19）年に松平頼重《よりしげ》が入封してからも、明治維新まで高松藩の城下町として軍事的根拠地であるとともに、政治・経済・文化の中心地としての地位を築いてきた。高松城の外濠の東西両端は船着き場となっており、特に東側は商港として多くの船が出入りしていたという。明治維新後、廃藩置県の過程で香川県そのものが併合・合併を繰り返したため県都としての地位が不安定であったが、後述する宇高連絡船の運航を契機に海陸交通の要衝となった。第二次世界大戦中の空襲により市街地の約８割が灰燼に帰したが、その後の戦災復興計画は比較的スムーズに進んだという。また、戦後は国の出先機関の立地とそれに伴う民間企業による支店・支社の集積がみられ、四国の政治都市・支店経済都市、そして玄関口としての役割を果たしてきた。支店経済を良く表す卸売業の年間商品販売額に注目すると（表1）、四国の県庁所在地のうち、高松市が突出している。また、W／R比率（卸小売比率）も最大となっており、活発な流通活動が伺える。

◆玄関口たらしめる鉄道連絡船

高松が四国の玄関口となった最も大きな要素は、宇高連絡船であろう。これにより高松駅は船と鉄道という2つの交通の結節点・ゲートウェイとなり、四国へ出入りする人々で賑わうことになった。以下では、その歴史について述べる。宇高連絡船の前身は、１９０３（明治36）年に山陽汽船商社（山陽鉄道傘下）によって開設された岡山―高松、および多度津《たどつ》―尾道《おのみち》間の航路であるとされており、１９０６（明治39）年の鉄道国有化で両航路とも国の管轄となった。その後、１９１０（明治43）年の宇野《うの》線開業に伴い前述の2航路が統合され、宇野―高松間の宇高連絡船が開設、運航を開始した。戦

表１　四国県庁所在地における商業（2014年）

	年間商品販売額（億円）		W/R 比率
	卸売業	小売業	
徳島市	6,390	2,323	2.8
高松市	15,125	5,189	2.9
松山市	9,013	4,597	2.0
高知市	5,860	3,587	1.6

商業統計表により作成.

写真１　高松駅改札口

四国の県庁所在地代表駅では唯一の端頭式ホームとなっており，4面10線を有する．2000年までは「0番線（ホーム）」が存在しており，高徳線をたびたび利用していた筆者はそのことをよく覚えている．連絡船運航期には改札内や船内でうどんが販売されており，名物として食されていた．2022年9月25日駒木撮影．

写真２　高松港を発着する旅客船

手前にある２つの艀には，それぞれ高松－土庄航路および高松－豊島航路の旅客船などが発着する．その向こう側に見える立体駐車場のある埠頭からは，かつては宇高国道フェリーが発着していた．写真の奥に横たわる台地は，源平合戦の古戦場としても知られる屋島である．2022年9月25日駒木撮影．

後も本州と四国を結ぶ幹線交通路として、多くの船が行き交った。１９７２年のホーバークラフト就航、１９８５年の高速艇就航など、各種の便が創設された。１９８７年には国鉄の分割民営化に伴いＪＲ四国の航路となったが、１９８８年に本四備讃線（通称・瀬戸大橋線）が開通したことで連絡船とホーバークラフトが運航を終了し、高速艇も１９９０年に休止された。そして１９９１年に正式に廃止され、約80年間続いた宇高連絡船はその幕を閉じた。ただし、現在でも高松駅は他の県庁所在地代表駅（松山駅、高知駅、徳島駅）間を走る特急列車が発着するだけでなく、岡山駅とも特急列車や快速列車で結ばれており、依然として四国のハブステーションとしての地位を保っている（写真1）。

なお、宇野―高松を結ぶもう一つの航路、宇高《うたか》国道フェリーのことも記しておこう。こちらは1961年に旅客フェリーとして運航が開始された(3)。1980年代には24時間運航がなされ、一日で68往復の便が設定されていたという。瀬戸大橋開通後も減便を伴いつつ運航されていたが、2012年に運航が休止された。2024年現在、宇野と高松を結ぶ定期航路はみられないが、現在でもその痕跡をみることが可能である（写真2）。

◆地図でみる玄関口の変遷

こうした連絡船の開設・運航・廃止による地域への影響をみるために、地形図を用いて高松港および高松駅とその周辺市街地の変化を検討しよう（図1）。本稿では、連絡船が就航して約20年後の1928年と利用者がピークに差し掛かろうとしていた1983年、連絡船廃止後の高松市・香川県の一大再開発プロジェクトであるサンポート高松のオープンを間近に迎えた2000年、そして2023年現在の4カ年を比較することにする。

1928年時点で連絡船が就航しており、当時の高松駅から東側に高松桟橋駅（高松駅の構内扱い）の記号と「鉄道桟橋」の文字がみえる。四国水力電気（現・高松琴平電気鉄道の一部）市内線が市街地を南北に走っており、高松駅と接続している。ただし、高松駅周辺には目立った建築物がみられず、市街地の外れにある交通・物流拠点としての意味合いが強かったと推測される。

1983年時点では、「宇高連絡船発着場」や「フェリー発着場」の文字を確認できるとともに、四国の玄関口として複数のホームを持つ高松駅を見ることができる。高松琴平電気鉄道の高松築港駅は現在の

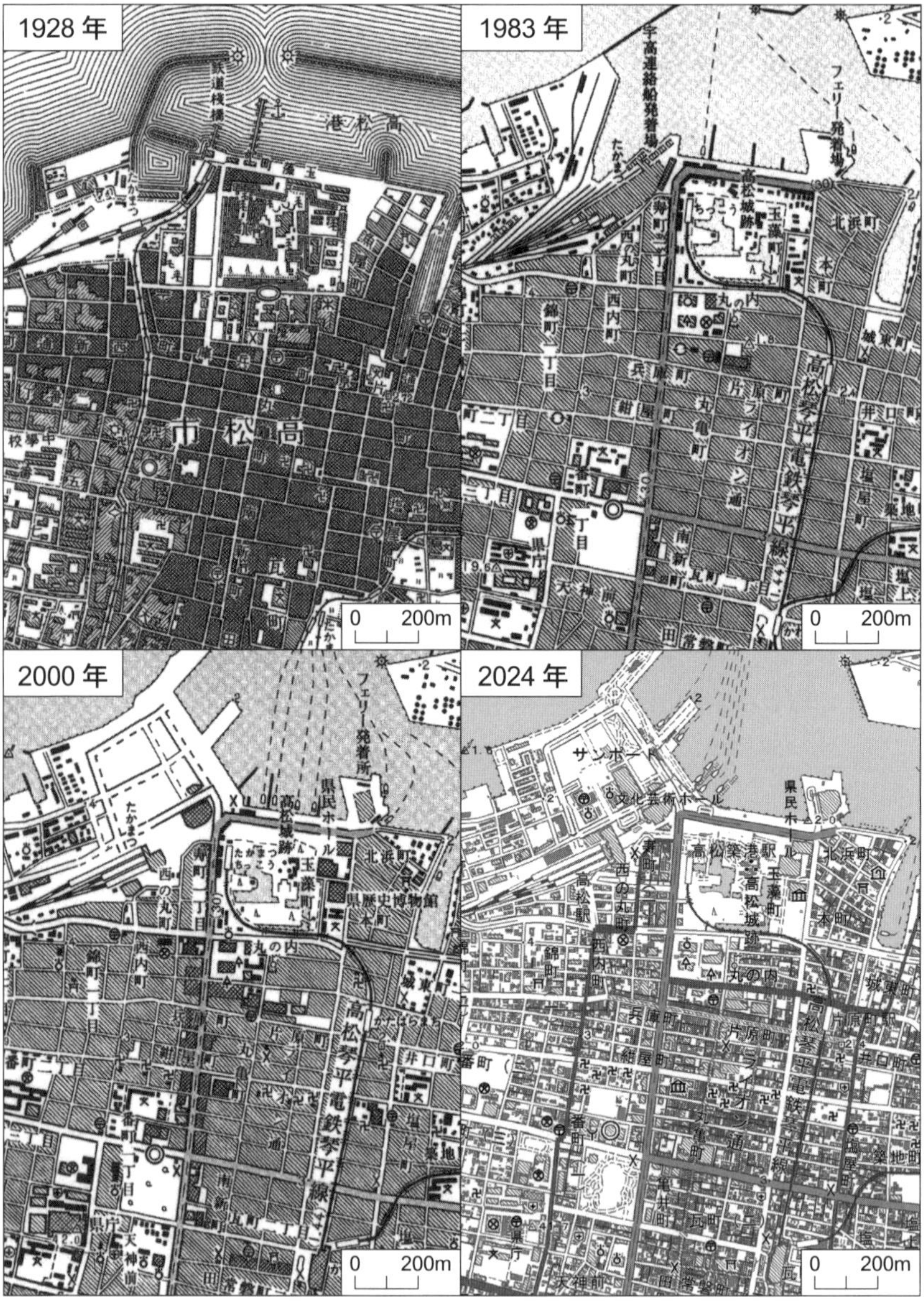

図 1　高松駅・高松港とその周辺の変遷

2 万 5 千分の 1 地形図「高松北部」(1928 年測図，1983 年修正，2000 年修正）および電子地形図 25000（オンライン，2024 年更新）により作成.

位置に移設されている。また、中心市街地には片原町や紺屋町、丸亀町をはじめとする商店街の名前を確認できる。

2000年になると、宇高連絡船廃止に伴い不要となった駅北部の広大な操車場跡地が一部埋め立てられつつ造成されている。これが後述するサンポート高松である。区画整理の過程で、高松駅の位置は再び1928年頃の位置に戻った。また、高松城の敷地東側では、県民ホールや県歴史博物館などの公共施設がみられるようになった。

そして2023年現在は「サンポート」の地名が確認でき、区画整理が終了、文化芸術ホールや官公庁、公共施設が立地している。また、数多くある航路の発着点は新たにつくられた波止場に移設されており、瀬戸内航路における新たな玄関口となっていることが伺える。

◆新たな玄関口の開発とその課題

交通網の発達は地域に様々な影響を与えるものであり、とりわけ島と島とを結ぶ架橋は、それまで人の乗降や荷下ろしによって賑わっていた港町を変容・衰退させてきた。多分に漏れず高松の場合も、瀬戸大橋開通によってマクロスケールでは四国の玄関口としての機能低下が、そしてミクロスケールでは高松駅周辺における中心性の低下ならびに広大な未利用地の発生が、それぞれ懸念された。

こうした課題に対する一大プロジェクトが、サンポート高松(4)(正式名称：高松港埠頭地区)計画であり、計画の構想自体は1980年代に始まっていた。宇高連絡船の廃止に伴い発生した旧国鉄の大規模未利用地や、連絡船・ホーバークラフトが出入りしていた高松港の西半分の埋立地を有効に活用し、都市機能と港湾機能を備えた「瀬戸の都」となる新たな玄関口をつくろうとするものである。区域面積は約42ha（うち埋立地10ha、旧国鉄用地20ha、市街地12ha）に及び、港湾整備事業、土地区画整理事業、そして都市再生総合整備事業として高松市と香川県により一体的に進められた。

当初の計画では、コンベンション施設や市民会館、シンボルタワーを中心としてその周辺に官庁や民間オフィスを配置するとともに、海岸には大型船が着岸できる埠頭と旅客ターミナルを建設、高松駅を西に移動させることで商業施設と一体化し、駅前には多目的のイベントに利用可能な広場を設けるというものであった。しかし、テナント入居希望者の伸び悩みや民間業務用地への企業誘致が難航したことで、大幅な計画縮小がなされた[5]。結果、2001年に一部オープン、その後2004年にグランドオープンした（図2）。現在では、JR高松駅や高松シンボルタワー、JRホテルクレメント高松、高松サンポート合同庁舎、高松港旅客ターミナルビルなど、各種の大規模施設が建ち並んでいる（写真3）。また、当初はビジネス拠点として位置づけられたものの、近年は瀬戸内国際芸術祭の盛況や旅行市場の瀬戸内への関心の高まりを受け、瀬戸内の島々への観光の新たな玄関口としての役割が期待されている。さらに今後、スポーツ大会や大規模コンサートが開催可能なアリーナや、大学、高級ホテルなども立地予定となっている。

図2　サンポート高松の現況（2024 年）

「あなぶきアリーナ香川」は香川県立アリーナの愛称であり，2025 年に完成予定である．電子地形図 25000（オンライン，2024 年更新）などにより作成．

◆玄関口からの再出発

高松は古来より交通の要衝であり、四国の玄関口としての役割を果たしてきた。しかし、点として捉えれば、自動車交通網の発達によるゲートウェイ機能の低下がみられた。また、面として捉えれば、ゲートウェイ機能低下に伴い未利用地が発生したが、それを利用した大規模な再開発が行われ、土地利用、ひいては都市構造の変化がみられた。このようにスケールや見方を変えることで都市としての変化を重層的に捉えられること、そして玄関口・ゲートウェイというキーワードで都市の姿を描けることが、地理学的視点からみた高松の魅力といえる。

それでは今後、高松がどのような玄関口を目指せば良いだろうか。ここでは、都市計画プランナーである田村明の言葉を紹介したい。田村は、1983年に開催された「明日の四国を考える高松会議'83」のパネルディスカッションにて、玄関ということだけにこだわるのではなく、その中身を探していく必要があると述べている。(6) 3本の本四連絡橋が開業し、各県にはジェット機が就航する空港が整備されるなど、四国と他県は多様な交通ルートで結ばれている現在、「四国の玄関口」としての高松の地

写真3　サンポート高松シンボルタワー
写真左側の建物が30階建てのシンボルタワーであり，写真中央の建物も含めてサンポート高松の中核を担う再開発ビルとして2004年に完成した．オフィスや商業施設，飲食店，イベントホールなどが入居している．シンボルタワー開業の結果，高松市中心部のオフィススペースが約1割増加したという．2022年9月25日駒木撮影．

位は低下しているといえる。しかし、高松には歴史や文化の厚い蓄積と、人々を送り出し受け入れてきた経験がある。丸亀町商店街や瀬戸内国際芸術祭など、まちづくりや地域づくりに関する優れた先行事例も多い。玄関口として歩んできた経験を活かし、新たな都市の魅力が造られていくことを望みたい。

（駒木伸比古）

［注］

（1）林　上（2020）『ゲートウェイの地理学』風媒社。
（2）高松城は近世城郭の海城としては有数の城であり、今治城、中津城と並ぶ日本三大水城として位置づけられている。船頭歌として詠まれた明治期の民謡「讃岐小唄」では、「〽讃州さぬきの高松さまは城が見えます波の上」と謡われた。
（3）貨物フェリーについては、昭和30（1955）年頃から運航されていたという。
（4）「サン」は明るい瀬戸内に降り注ぐ太陽（Sun）と讃岐の「讃」を、そして「ポート」は賑わいのある商港をそれぞれ意味しており、合わせて明るく陽光きらめく港町「瀬戸の都・高松」をイメージしたものである。
（5）平　篤志（1999）「四国の玄関口は今　高松市」平岡昭利編『中国・四国　地図で読む百年』所収、古今書院、117—122頁。
（6）木原啓吉・田村　明・月尾嘉男・伏見芳晴・加藤達雄（1984）「明日の四国を考える高松会議'83〈第2分科会〉地方中核都市の展望—玄関都市高松にケーススタディをみる」地域開発235、66—82頁。

愛媛県 松山市 街角に文学の息づく地方都市

◆小説『坊ちゃん』の舞台

夏目漱石《なつめそうせき》（以下、漱石）による小説『坊っちゃん』は、筆者が何度も読んだ文学作品である。歯切れが良く読みやすいが、そのなかで興味を引くのが舞台となる街の描写である。各所で何かにつけて田舎であることが強調され、挙句の果てには不浄な地と書かれている。随分な書きぶりだと思いつつ、滑稽に描かれる人間味のある街であるように感じた。そのモデルが、愛媛県松山市である。

漱石は1895（明治28）年、愛媛県尋常中学校（現在の松山東高校）に英語教師として赴任した。1年の勤務・滞在であったが、旧友の正岡子規《まさおかしき》と俳句に精進したことが後の作品に影響を与えたと言われており、その経験を基に書かれたのが小説『坊っちゃん』である。漱石自身は『坊っちゃん』のモデルは無いとしているが、中学校や県庁、兵営などが立地し、立派な温泉を有する四国辺の城下町とあれば、松山が舞台であることは自明であろう。事実、松山では「坊っちゃんスタジアム」、「坊っちゃん列車」、「坊っちゃん団子」…と、至る所に「坊っちゃん」を冠した施設や商品、サービスをみることができ、『坊っちゃん』は松山の代名詞となっている。そこで本章では、小説『坊っちゃん』を通じて、松山の紹介をしていくことにしよう。

◆東京から遠い地方都市、松山

…（略）…停車場へ着いて、プラットフォームの上へ出た時、車へ乗り込んだおれの顔をじっと見て「もうお別れになるかも知れません。随分ご機嫌よう」と小さな声で云った。…（略）…汽車がよっぽど動き出してから、もう大丈夫だろうと思って、窓から首を出して、振り向いたら、やっぱり立っていた。

東京から松山へ向かうとしたら飛行機が一般的であろう。片道約1時間半のフライトである。しかし、『坊っちゃん』が書かれた当時は、全線開通していた東海道本線（新橋—神戸間）だけで片道約20時間も要する大旅行であった。小説内では新橋駅での別れから、すぐに松山到着のシーンとなるため経路は定かではないが、新橋から神戸に鉄道で移動後、神戸から松山の三津浜《みつはま》に船で向かったという説が有力である[1]。所要時間は約2日であり、東京からみて松山がいかに縁辺の地であったかが伺える。

それもあってか、小説中には「田舎」という表現が31カ所にもみられる。さらに各所で東京との比較で見下した表現がなされ、「野蛮な所」、「こんな所」、「物騒な所」、「厄介な所」…と、きりがない。「ぞなもし」の方言は「生温い言葉」、天麩羅蕎麦《てんぷらそば》を食すシーンでは「東京を知らないのか、金がないのか、滅法きたない」、宴会のシーンでは「大方江戸前の料理を食ったことがないんだろう」と散々である。さらには街での行動が学校で筒抜け、学校での人間関係を下宿先の老婦が知っているなど、地方における世間の狭さに辟易する主人公の姿が描かれている。

一方で、少ないが好意的な表現もみられる。たとえば温泉に関しては「ほかの所は何を見ても東京の足元にも及ばないが温泉だけは立派なものだ」とある。前述の天麩羅蕎麦も結局は四杯平らげており、暮らすうちに住めば都と、松山の生活にもいくばくかの楽しみを見出しているようにも感じる。事実、漱石自身は道後《どうご》温泉本館を大変気に入っており、松山を離れた後に子規へ想い出を懐かしむ書簡を送るなど、松山の生活は満更でもなかったようである。

◆城下町起源の街、松山

……（略）…少し町を散歩してやろうと思って、無暗に足の向く方をあるき散らした。県庁も見た。古い前世紀の建築である。兵営も見た。麻布の聯隊より立派でない。大通りも見た。神楽坂を半分に狭くしたぐらいな道幅で町並はあれより落ちる。二十五万石の城下だって高の知れたものだ。こんな所に住んでご城下だなどと威張ってる人間は可哀想なものだと考えながらくると、いつしか山城屋の前に出た。広いようでも狭いものだ。

四国最大の都市はどこかと聞かれて意見が分かれるのが、松山と高松であろう。人口規模でみれば松山であるし、中枢管理機能の立地状況からいえば高松である。もっとも、「坊っちゃん」に言わせれば、どんぐりの背比べといったところか。いずれも甲乙つけがたい大都市だというのは、高知生まれ徳島育ちの筆者の意見である。

それはさておき、松山市は愛媛県の県庁所在地であり、令和2（2020）年国勢調査による人口は51万1569人で四国一の規模を誇る。松山城がある勝山《かつやま》を取り囲むように市街地が広がり、東側には日本有数の温泉地である道後温泉が立地する。路面電車をはじめとする公共交通機関が発達し、市街地の散策に困らないコンパクトな街である（図1）。

松山の起源は、1603（慶長8）年に初代城主・加藤嘉明《よしあき》が勝山に築城・入城したことに求められる(2)。城下町の建設にあたり、石手《いして》川（当時は湯山《ゆやま》川）を付替えて防御線とし、計画的に区割りした。その結果、勝山を中心として、南部は武家地である外側《とがわ》、西部は町人地である古町《こまち》、北部は寺院が立地する山越《やまごえ》という構造となった。その後、町人地の拡大により商業の中心が南東へ移動し、現在の大街道《おおかいどう》や銀天街《ぎんてんがい》を中心とした繁華街が幕末にかけて形成されていった。

明治期に入ると、1888（明治21）年の伊予鉄道開業により現在の松山市駅が交通の結節点となり、松山城南側エリアに都市機能がより集中するようになった。1895（明治28）年には道後温泉への温泉浴客の輸送を目的とした道後鉄道が開通し、市街地がさらに拡大した。しかし1945年7月の松山大空襲により市内の半数以上の家屋が罹災し、城山を含む旧市街の大部分が焼失した。その後の戦災復興土地区画整理事業では、戦前の道路構成を基本とした道路拡幅を中心に整備されたため、現在でも城下町らしい碁盤目状の町割を残した市街地が形成されている。

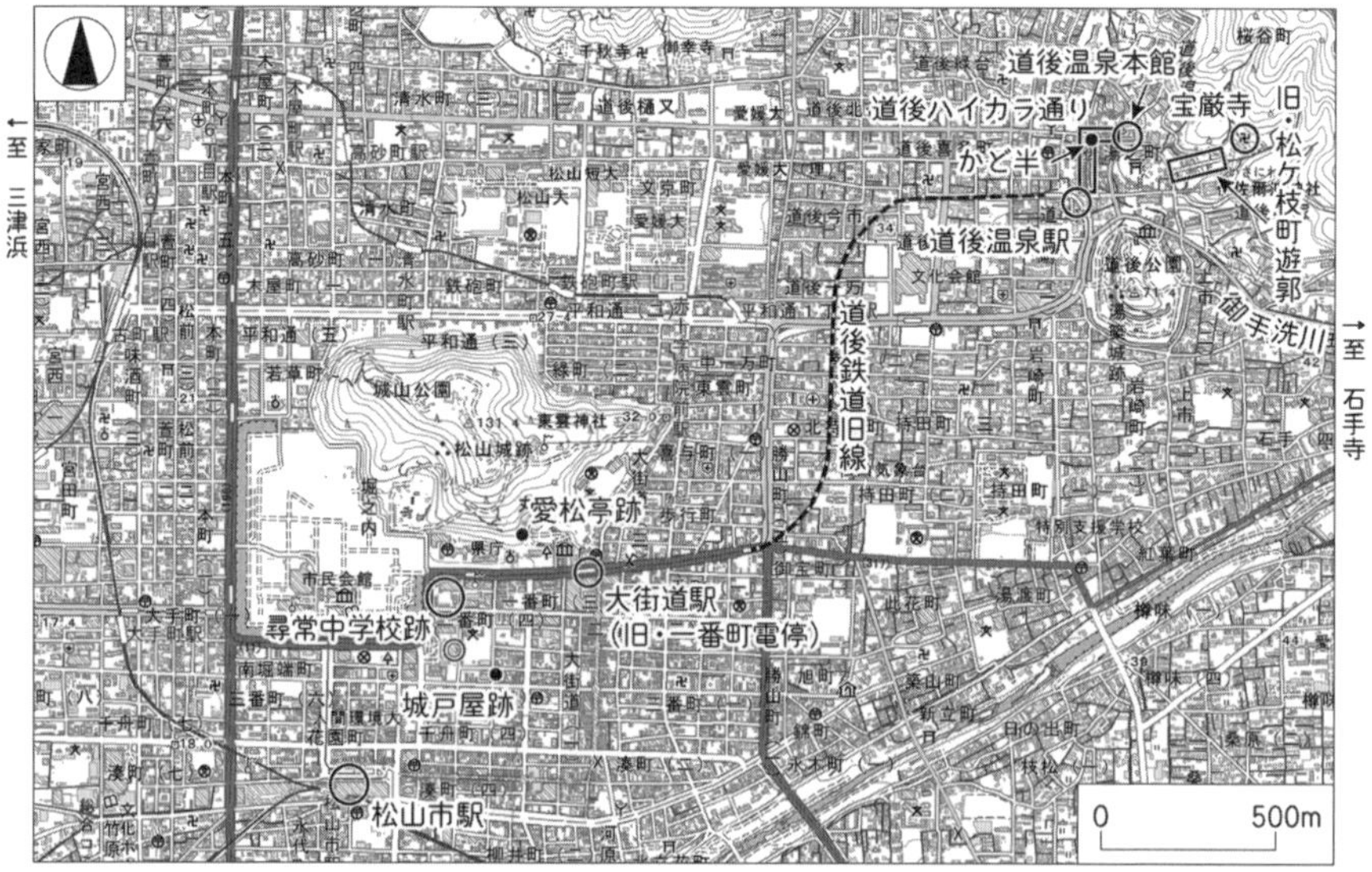

図1　松山市街地と『坊っちゃん』ゆかりの地
電子地形図25000（オンライン）により作成.

『坊っちゃん』の舞台である明治後期における松山市街地の様子を図2に示した。堀之内と呼ばれる堀の内側には歩兵第二十二聯隊《れんたい》が置かれ、勝山の南側には県庁や裁判所をはじめとする行政機関や病院などが立地していた。小説中、主人公が一時滞留した山城屋のモデルとされる「城戸屋」(3)の位置する二番町・三番町周辺は尋常小学校・中学校が立地するなど、松山における教育発祥の地と言われている。この界隈には現在でも県庁や市役所、裁判所などの行政機能が集積し、中心業務地区となっている(写真1)。

◆描かれる交通事情

ぶうと云って汽船がとまると、艀が岸を離れて、漕ぎ寄せて来た。船頭は真っ裸に赤ふんどしをしめている。野蛮な所だ。もっともこの熱さでは着物はきられまい。日が強いので水がやに光る。見つ

図2 『坊っちゃん』が書かれた頃の松山中心部
図1と図郭を合わせてあり，小説で登場した地名や施設の概ねの場所を表記した．国鉄（現在のJR）は未開通であり，現在の松山市駅が松山駅となっている．また，伊予鉄道城北線・城南線の基となった道後鉄道の路線は，現在と一部異なっている．松山と道後の市街地はまだ一体化しておらず間には水田が広がっており，小説で主人公と山嵐が赤シャツと野だいこを懲らしめたシーンが想像できる．2万分の1地形図「松山」（1903年測図）により作成．

めていても眼がくらむ。事務員に聞いてみるとおれはここへ降りるのだそうだ。見るところでは大森ぐらいな漁村だ。

松山が有する外港のうち、明治維新の改革まで海の玄関口として機能してきたのが、主人公が上陸した三津浜である。その歴史は古く、万葉集の額田王《ぬかたのおおきみ》の歌にも詠まれた熟《にき》田津《たつ》の候補地の一つとされる。古代より道後温泉に向かう入口であり、江戸期の参勤交代の際、松山藩主はここから船出したという。1884（明治17）年に大阪商船株式会社が創立、瀬戸内海で本格的な定期航路が整備された際には寄港地となり、松山の玄関口となっていった。ただし、遠浅のため大型汽船が出入りできず、小説のように沖合に停泊し艀を利用して乗り降りせざるを得ないなどの課題を抱えていた（図3、写真2）。

写真1　南堀端通りから勝山を望む
右手前の建物の敷地には漱石が赴任した愛媛県尋常中学校が立地していた（1916年に現在の松山東高校の敷地へ移転）．正面に見えるドームを配した建物は愛媛県庁であるが，完成は1929（昭和4）年であり，漱石が赴任した当時は木造平屋建ての洋館であった．奥に横たわる勝山の頂上付近には松山城の建物が見える．なお，堀端の地名の由来でもある松山城三之丸の堀は，1948（昭和23）年秋に進駐軍による埋め立て命令が出され工事も進められたが，代議士・住民による反対運動により中止され，現在では白鳥や鯉・鮒が生息する市民・観光客にとっての憩いの場となっている．2023年1月5日駒木撮影．

そうしたなかで、新たな港として注目されたのが高浜《たかはま》港である。比較的水深が深く、対岸にある興居島《ごごしま》が天然の防波堤の役割を果たすこともあり整備が進み、1906（明治39）年に開港した。それ以降、大型汽船は高浜港、小型船は三津浜港と役割が分化した。現在では高浜港のさらに北に位置する松山観光港が旅客のメインとなっている。なお、海上旅客輸送の需要低下や地区住民の減少・高齢化などにより

1980年代以降、三津浜の商業機能は低下し、テナントの住宅化・駐車場化が散見されるようになった。しかし近年、ワークライフバランスを目指す若手商店主や移住者が多くみられるようになり、新たな賑わいをみせている。

> 停車場はすぐ知れた。切符も訳なく買った。乗り込んでみるとマッチ箱のような汽車だ。ごろごろと五分ばかり動いたと思ったら、もう降りなければならない。道理で切符が安いと思った。たった三銭である。

写真 2　三津浜の汽船乗り場跡

当時の汽船乗り場は埋め立てられ，現在は内陸に位置している．かつては汽船乗り場を示す石碑も設置されていたが，その後，現在の三津浜港フェリーターミナル近くへと移設されている．角の建物は元はクリーニング店であったが，リノベーションされ飲食店となっていた．2023 年 1 月 6 日駒木撮影．

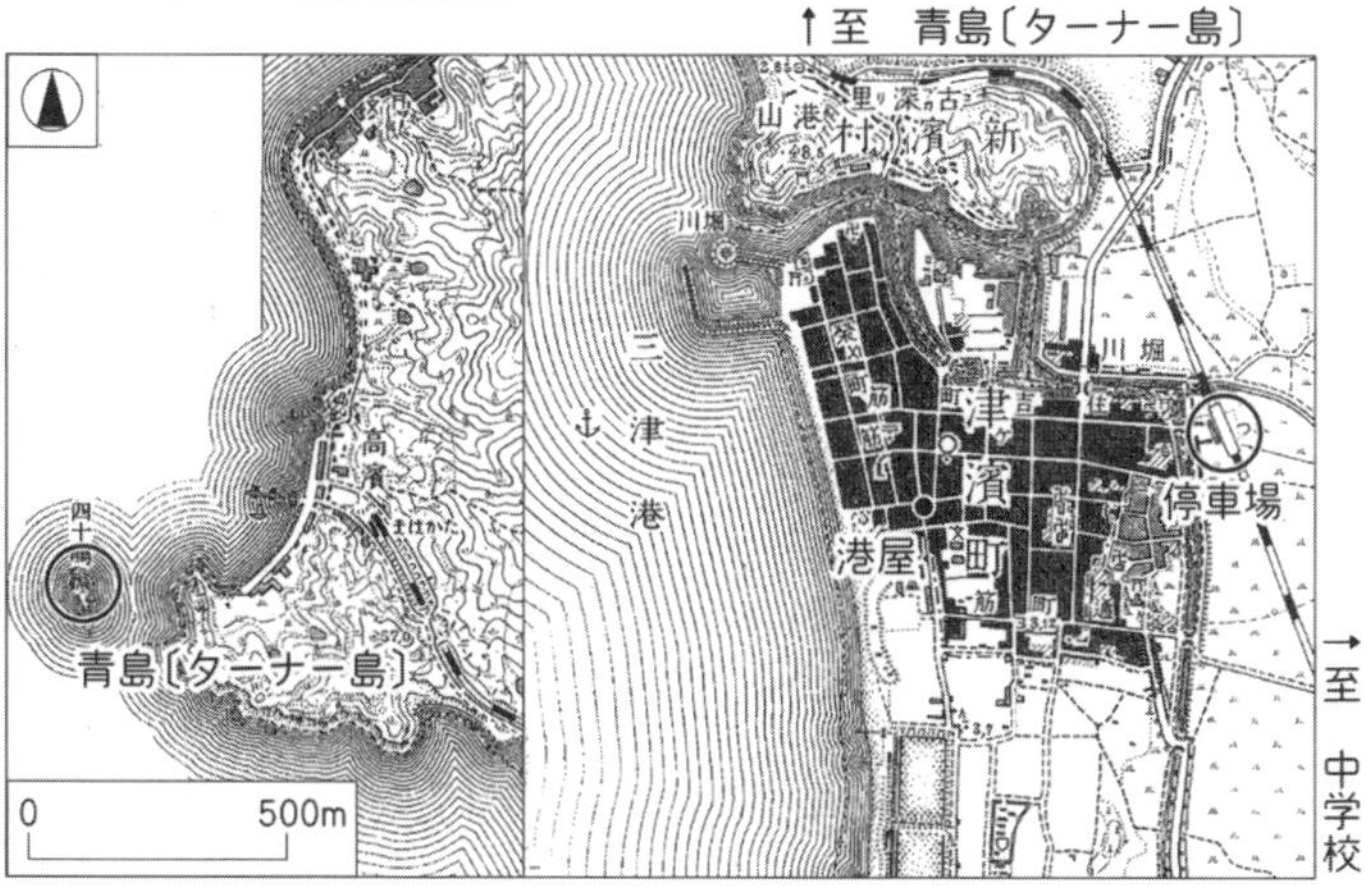

図 3 『坊っちゃん』が書かれた頃の三津浜・高浜

当時は温泉郡三津浜町であり，1940（昭和 15）年に松山市に合併された．堀川河口部の砂嘴上に位置する栄町には，「三津の朝市」と呼ばれた魚市場があった．1892（明治 25）年に高浜へ延伸された伊予鉄道の路線も確認できる．2 万分の 1 地形図「松山」「堀江」（1903 年測図）により作成．

瀬戸内海で本格的な定期航路が整備されて以降、港と内陸の都市とを結ぶ鉄道が各地で敷設されていった。松山はその嚆矢ともいえ、1888（明治21）年に軽便《けいべん》鉄道としては日本初となる伊予鉄道が設立、松山駅（現・松山市駅）と三津駅を結ぶ6・4㎞が開業した。松山―三津間の所要時間は28分、乗車賃は3銭5厘であり、小説『坊っちゃん』で紹介されて以降は、「坊っちゃん列車」と呼ばれるようになったという[4]。その後、企業買収などにより路線網を広げ、2024年現在、路面電車5系統、郊外線3路線を有し、全国でも有数の都市内交通網を形成している（写真3）。

写真3　復元された坊っちゃん列車

蒸気機関車は累計で17輌が在籍したが，1954（昭和29）年には運行が終了した．1号機関車（甲1形1）は紆余曲折を経て梅津寺パーク内に保存・展示されている．その後，松山の観光シンボルとしてディーゼル動力による坊っちゃん列車が2001年に復元された．2017年7月9日駒木撮影．

◆漱石も好んだ道後温泉

おれはここへ来てから、毎日住田の温泉へ行く事に極めている。ほかの所は何を見ても東京の足元にも及ばないが温泉だけは立派なものだ。

道後温泉は松山平野を流れる重信川《しげのぶがわ》の支流、石手川扇状地の北端に位置する。その始まりは古く、古事記や日本書紀、源氏物語に登場するなど文学作品とのかかわりも強い。1335（建武2）年前後、伊予国の守護であった河野通盛《こうのみちのり》の代には湯築《ゆづき》城が築城され、道後は政経文化軍事の中心地として発展したが、松山城下町建設後は、湯治場的な温泉集落となった。

温泉場としての施設が整備されたのは松平《まつだいら》初代藩主の松平定行《さだゆき》の時である。一棟の平屋にある浴槽を上中下の三等に分け、湯が流れ落ちるところを養生湯としたという。その後、何度か改築され、藩政時代は松山藩の管理下であったが、県の管理を経て、1889（明治22）年の道後湯之町《どうごゆのまち》発足とともに町営となった。1894（明治27）年には三層楼の棟上に白鷺を据えた神の湯が完成、翌年の松山市街地と道後を結ぶ道後鉄道の開通[5]も相まって、保養・観光温泉地として発展していった。1994（平成6）年には道後温泉本館が公衆浴場としては日本で初めて重要文化財に指定されるなど、全国有数の温泉として、国内外から多くの観光客が押し寄せている（写真4）。

> 北へ登って町のはずれへ出ると、左に大きな門があって、門の突き当りがお寺で、左右が妓楼である。山門のなかに遊廓があるなんて、前代未聞の現象だ。

温泉街には歓楽街がつきものである。松ケ枝町《まつがえ》はその代表であり、明治初期の貸座敷営業者（遊郭）の移転の際に、宝厳寺《ほうごんじ》門前の上人坂《しょうにんざか》と呼ばれる参道へと移築され、1877年（明治10）年から道後松ケ枝町遊郭として営業を開始した。ネオン坂歓楽街とも呼ばれ

写真4　人でにぎわう道後温泉商店街

「道後ハイカラ通り」と名付けられたアーケード街には，土産物屋や飲食店などが立ち並ぶ．写真右手に見える「かど半」は，主人公と山嵐が見張りに使った宿屋（当時は「旅館かど半」）のモデルとされている．奥には道後温泉本館が立地するが，撮影時には保存修理中であり，ラッピングアートが展示されていた．2023年1月8日駒木撮影．

栄えたが、1957（昭和32）年の売春防止法の施行後は転廃業した。当時の面影を残す建物はほとんどみられず、住宅や駐車場が主となっている（写真5）。なお、山門の前には地域交流拠点「ひみつジャナイ基地」が立地しており、観光案内やギャラリー展示、講演会、ワークショップなどが行われるオープンスペースとなっている。

◆『坊っちゃん』を通じてみる松山の魅力

『坊っちゃん』以外にも松山を舞台とした著名な作品は多く、松山は文学のまちとされる。特に松山市は司馬遼太郎《しばりょうたろう》による『坂の上の雲』をまちづくり事業の名に冠し、フィールドミュージアムとして史跡・景観整備や各種施設の建設などの他の事業を展開している。さらに、正岡子規、高浜虚子《たかはまきょし》といった多くの俳人を輩出していることから「俳都」と呼ばれ、至る所に句碑をみることができる。

しかし、松山にとって『坊っちゃん』はやはり特別な存在ではないだろうか。小説内でこれだけこき下ろされているにもかかわらず、冒頭で述べたように『坊っちゃん』は松山を代表するアイコンとして地域に溶け込んでいる。この点について、司馬遼太郎は、公演のなかで伊予人のしたたかなユーモア精神を指

写真5　坂の下より旧松ケ枝町遊郭を望む

写真右手には，遊郭の面影を伝える建物が見える．左手側はオープンスペースとなっており，撮影時にはキッチンカーが出店していた．坂の上には，665（天智4）年に創建され一遍上人の生誕地とされる宝厳寺が立地する．小説中に「おれのはいった団子屋は遊廓の入口にあって，大変うまいという評判だから，温泉に行った帰りがけにちょっと食ってみた」というくだりがあるが，当時の団子は餅を湯にさらし餡子でくるんだ「あんころもち」を5～6個皿に乗せたものであり，現在の「坊っちゃん団子」のようになったのは大正末期から昭和初期にかけてだという．2023年1月8日駒木撮影．

摘するとともに、洗練された都会人の漱石が描き出した滑稽なまちの姿を地域の人々が喜んでいる構図は非常に高級感があって良い、と評価している。[6] すなわち、『坊っちゃん』を通じて描かれる生き生きとした都市の姿を現してくれることが、松山の魅力の一つであるといえよう。[7] 今後も松山は『坊っちゃん』と共に、その歴史を紡いでいくであろう。

（駒木伸比古）

［注］

（1）次に挙げる2つの文献は、いずれもこの説を説いている。山田廸生（2009）「「坊っちゃん」と瀬戸内航路」海事史研究66、49―68頁、牧村健一郎（2020）『漱石と鉄道』朝日新聞出版。

（2）松山の名の由来には諸説あるが、その一つに、勝山に長寿のシンボルである松の木が多く植えられていたというものがある。

（3）夏目漱石が尋常中学校に赴任した時に初めて宿泊した宿として知られる。戦災により焼失したが、1953（昭和28）年に総桧造りで再建、漱石が泊まった「坊っちゃんの間（漱石の間）」と呼ばれる部屋も忠実に復元されていた。その後は旅館が廃業し建物も取り壊され、跡地に設置された説明版がその歴史を伝えている。なお、跡地にある駐車場には「山城屋」の名前が付けられている。

（4）中村英利子（2003）『走れ、坊っちゃん列車―日本初の軽便鉄道ものがたり』アトラス出版。

（5）その後、1900（明治33）年には、南予鉄道とともに伊予鉄道に吸収合併された。現在では伊予鉄道城北線・城南線の一部となっている。

（6）1981年4月4日に開催された子規記念博物館開館記念講演による。アトラス出版編集部編（1999）『司馬遼太郎―伊予の足跡』アトラス出版。

（7）中島（2018）は、「『坊っちゃん』では、実際の松山を描いたのではなく、描かれることで松山が生きた地名となっているのである。」と評している。中島国彦（2018）『漱石の地図帳―歩く・見る・読む』大修館書店。

福岡県 北九州市八幡 すべての道は鉄に通ず

◆とにかく熱い北九州

北九州は、かつて3年間居住していた思い出深い地である。今年（2024年）で9歳になるわが子もこの地で生まれた。筆者がそう感じるのは、北九州の人々の温かさを超えた「熱さ」である。筆者も「熱い人ですね」といわれることが多い。きっと、この地は筆者の肌に合っている。

日本人であれば、北九州を知らぬ者はいない。北九州の官営八幡《やはた》製鉄所は、小学校から高校の教科書で必見だ。また北九州工業地帯や環境都市を目指す取り組みが紹介されることもある。しかしながら、教科書で北九州や八幡を知っていても、実際に訪れたことがある読者がどれほどいるだろうか。本稿では、北九州八幡にフォーカスをあて、八幡製鉄所[1]が当地域に刻んだ痕跡を探っていきたい。

◆五市合併でできた北九州

北九州は、小倉《こくら》市（現在の小倉北区と小倉南区）、門司《もじ》市（門司区）、若松《わかまつ》市（若松区）、戸畑《とばた》市（戸畑区）、八幡市（八幡西区と八幡東区）の対等合併によって1963（昭和38）年に誕生した。1960年代といえば、日本の歴史のなかでも製造業が最も活況を呈していた時代でもある。そうした時代において、5都市が合併する理由は何だったのであろうか。それは産業の衰退の兆しに対する危機感からであった。

明治期より、ときには山口県の下関《しものせき》市を含めて合併話が何度か持ち上がり、そのたびに立ち消えになっていた。ところが高度経済成長期に入ると、石炭産業の衰退や製造業における技術革新、流通形態の変化などに伴い、5都市は衰退の兆しを見せていた。5都市が合併すれば人口100万人を超える政令指定都市が誕生し、財源の安定と行政の事務権限の拡大が見込める。そして、それらをもとに新産業の育成や誘致、市民サービスの充実が図れる。5都市は呉越同舟となり、再起を図ったのである。

北九州の衰退を食い止めようとする熱い思いが、前代未聞の5市対等合併を実現させた。

◆なぜ八幡に製鉄所が建設されたのか

八幡の誕生は、1889（明治22）年の町村制施行に端を発するが、これは概ね現在の八幡東区の範囲に該当する。一方、八幡西区は、宿場町であった黒崎《くろさき》町や木屋瀬《こやのせ》町に加え、折尾《おりお》町、香月《かつき》町が段階的に合併し形成された地域である。

さて、ここからは、どうして八幡に製鉄所が立地したのかを解説する。地理をたしなんでいる者にとっては、「近くに筑豊《ちくほう》炭田があったから」と即答できるに違いない。これは高校の地理の教科書でも出てくるA・ウェバーの工業立地論から導き出せる。八幡製鉄所が操業を開始した1901年当時、1トンの鉄を生産するためには、2トンの鉄鉱石と4トンの石炭が必要であった。筑豊炭田に近く、かつ中国から輸入される鉄鉱石も運びやすい場所が製鉄所の適地である。そのひとつが八幡であった。では、どうして八幡だったのか。産炭地が近く、海に面していれば、他の場所でもよいではないか。

大規模な官営製鉄所建設の機運は、日清戦争によって一気に高まりを見せた。兵器の生産に欠かせない鉄を自国で生産することが重要視されたからである。ちなみに、ある出版社の日本史の参考書には「日清戦争の賠償金で建設され……」とあるが、これは適切な表現ではない。八幡製鉄所の建設費用1993万円のうち、賠償金は58万円が充てられたに過ぎない。[2] 八幡製鉄所の建設は、「日清戦争による賠償金があったから」ではなく、むしろ「日清戦争を契機とした国防意識の高まりによるもの」という方が妥当である。

日清戦争が契機となり、1895年に帝国議会において製鉄所の建設が決定する。次はどこに建設するかである。建設地選定には、軍事上の防御や交通利便性、原材料の輸送など6つの条件から検討された。その結果、八幡、柳ケ浦（現在の門司区）、板櫃《いたびつ》（現在の小倉北区）、広島県坂《さか》村（現在の坂町）が最終候補地となった。そのなかでも、防御や原材料、製品の運搬に優れ、用地や用水の確保が容易であった八幡が建設地となった。防御の面では、八幡は洞海湾《どうかいわん》の奥に位置し、外洋からは対岸にそびえる若松の山々によって目視することができない。

以上の理由は、確かに八幡を候補地の一つにした。しかし八幡誘致にあたり、水面下では、人間臭さがにじんだドラマが展開されていたのである。じつは選定過程において、柳ケ浦決定に傾きつつあった。こうした状況を覆したのは、八幡への誘致にかかわった人々の努力であった。

まずは、建設用地が無償または安価で提供された。これは当時の村長であった芳賀種義《はがたねよし》が苦心惨憺の末、建設用地のとりまとめに成功した。ところが建設決定後、さらに15万坪の確保を政府に求められたのである。それを聞いた地主たちは激怒し、竹やりなどを手に寺に立て籠もり誘致反対運動を展開した。しかし芳賀はそれに屈することなく「八幡村百年ノ大計」と訴え、村民たちを説得してまわった。

次に、政財界に対する誘致工作である。これは江戸期の旧藩領が関係している。現在の北九州は、旧国名である豊前《ぶぜん》と筑前《ちくぜん》にまたがっている。八幡は筑前であり、柳ケ浦は豊前であった。この八幡誘致に奔走したのは、旧福岡藩士で、選定当時の農商務次官で後の農商務大臣の金子堅太郎《かねこけんたろう》であった。また、安川電機の祖である安川敬一郎は、石炭の積出港の浚渫工事などを手掛ける若松築港《わかまつちっこう》㈱の会長であり、金子と同じ旧福岡藩士かつ藩校の修猷館《しゅうゆうかん》で共に学んだ仲であった。さらに三菱の創設者である岩崎弥太郎の子の弥之助は、若松築港㈱出資者でもあった。こうした人脈のなかで、安川や岩崎は、大隈重信や渋沢栄一など政財界の重鎮たちに、八幡を支持するよう働きかけを行った。また、金子は、製鉄所関係者に働きかけを行ったのである。

決め手は、地域の発展を願う熱い思いであった。

◆鉄都・八幡の盛衰

八幡製鉄所の火入れは1901（明治34）年であるが、生産が軌道に乗り出したのは1904年になってからである。その後、鉄需要の増大に伴って、高炉の拡張は続き、国内の粗鉄生産の8割を八幡製鉄所が担うまでに成長する。

八幡製鉄所は、名実ともに日本を支える製鉄所へと成長したわけだが、それを支えたのが製鉄所周辺の地域であった。八幡村の人口は、1889年の発足当時、1239人の寒村であった[3]。ところが製鉄所の建設決定からそれに関連した人々が居住しはじめ、1901年には6652人、1911年には2万9671人、そして1920（大正9）年には10万235人と[4]、短期間で急成長を遂げた。これは9・5万人（1920年）だった福岡よりも多い。その後も、「八幡に行けば飯が食べられる」という話を頼りに、全国から職を求めて人々が殺到し、周辺町村との合併も相まって1940（昭和15）年には30万人を突破するに至った。

製鉄所で働く人々の受け皿となったのは、八幡やその周辺に建設された社宅であった。図1は１９７２年の地形図である。破線で囲まれた建物群は、公団や公営の団地ではなく、製鉄所の主な社宅街である。破線で囲まれていない場所にも、大小の社宅が立地していたが、平野《ひらの》や桃園《ももぞの》、高見、岸の浦、穴生《あのお》の社宅は特に大規模であった。その総数は１９６５年のピーク時には1万戸を超えていた[5]。

八幡製鉄所には3つの通用門があり、それぞれ門前町が形成されていた（図1）。南門前の西本町《にしほんまち》周辺は、百貨店や映画館など娯楽・商業機能が充実していた。東門前は中央町といって、市役所も立地している八幡の中心地であった。北門前の枝光《えだみつ》には八幡製鉄の本事務所があり、料亭や旅館、遊郭などの歓楽街が形成されていた。製鉄マンたちは飲み屋で食事をとる際、つけ払いができた。そのため給料日には各通用門に飲み屋の店主やママたちが代金を回収するために待ち伏せていたという。

戦後、八幡大空襲（１９４５年8月）や原材料不足の影響で一時期操業を停止し大幅な人員整理を行ったものの、１９４７年から製鉄・石炭に対する傾斜生産[6]や、その後の朝鮮特需の追い風に乗り、八幡製鉄所はいち早く復活

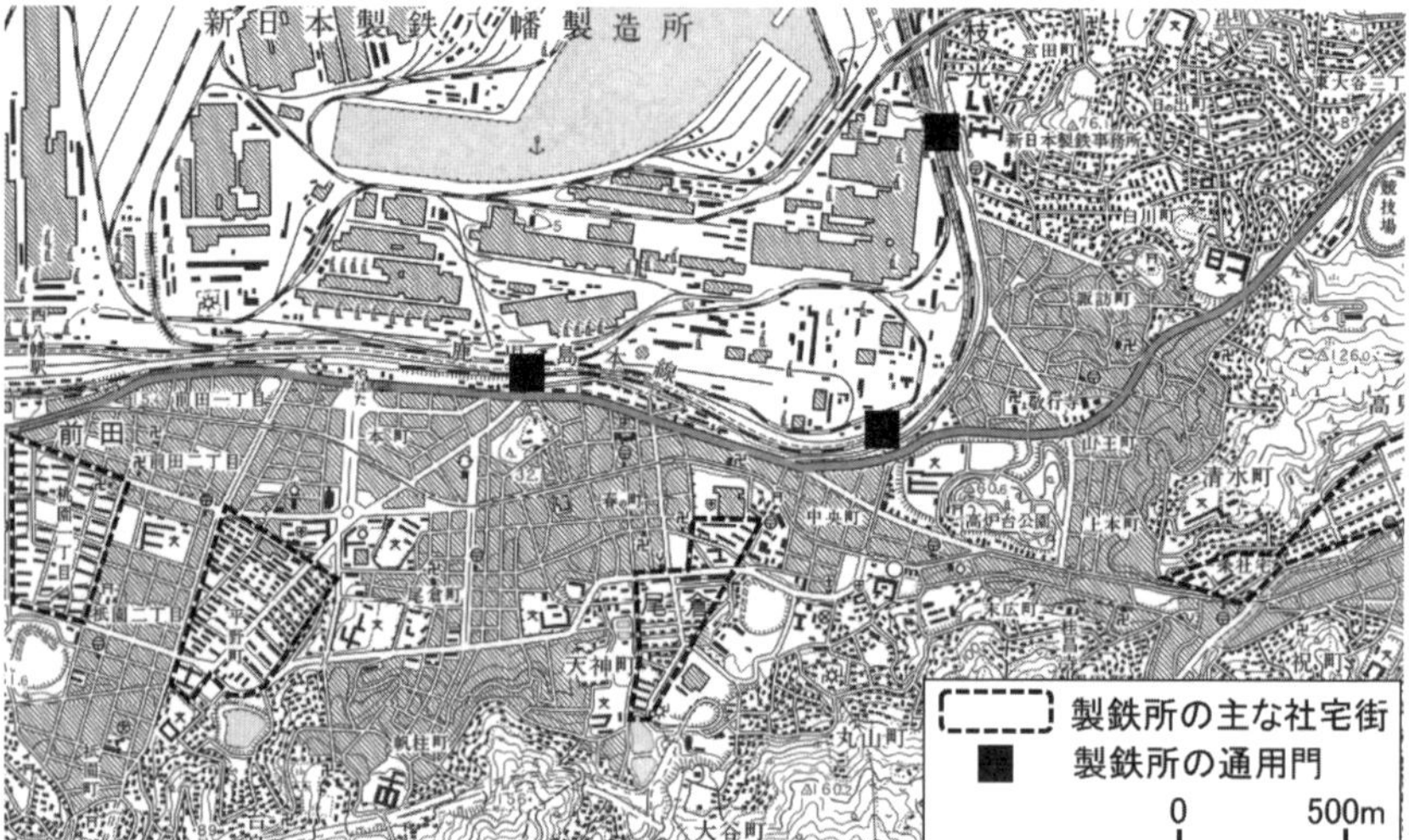

図1　1972年の八幡
2万5千分の1地形図「八幡」1972年発行より作成.

を果たす。1950年の財閥解体による日本製鐵の分社化後も増産は衰えず、従業員数も増加していった。1956年には粗鉄生産が戦前のピークを上回り、1962年には従業員が4万人を抱えるまでの規模にまで成長した。

反面、戦後の八幡製鉄所の歴史は合理化の歴史と言ってよい。アメリカから新技術が導入され、旧式の八幡製鉄所の設備は陳腐化しつつあった。また需要が東京や大阪などに集中し、石炭の輸入が増加するなかで、八幡の立地優位性は崩れていた。その結果、千葉県の君津や大阪府の堺などに新工場を建設したことで、八幡の地位はさらに低下する。特に君津の新工場建設は、八幡の街にも大きなインパクトを与えた。1964年から1975年まで、八幡から君津に移った従業員は4173人にも及ぶ。家族も含めると1万2千人ほどが八幡を去った。なかには従業員と一緒に君津に移転した飲み屋や洋服屋もあったという(7)。

その後も、1970年の富士製鉄との合併による新日本製鉄への社名の変更、1978年の戸畑への高炉一本化など、八幡にとって暗いニュースの連続であった。そして2020年、ついに「八幡製鉄所」の名称は「日本製鉄九州製鉄所八幡地区」に変更され、消滅するに至った。

◆今でも漂う鉄の香り

近代化以降、日本の産業をリードしてきた八幡は、その多くが製鉄所と結びついている。本章では、八幡における鉄の香りを感じさせる地点やエピソードを紹介したい。

【先進都市八幡と守田道隆】

八幡は1944年以降、3度の空襲に見舞われた戦災都市でもある。焦土と化した八幡の復興を強力に推し進めたのが、八幡市初の公選市長で、八幡製鉄所出身の守《もり》田《た》道隆《みちたか》であった。彼は京都大学工学部土木課を卒業し、東京市の職員などを歴任した後、八幡製鉄所に勤務することになる。

守田は、特別都市計画法に基づく戦災復興事業に着手し、防災や不燃化都市を強く意識した「モデル工業都市」を目指した。その一つ目は、八幡駅の移転[8]と広幅員道路の整備である。図1をみると南北に幅の広い通りがいくつも配置されていることがわかる。特に八幡駅前の通り（国際通り）は幅員が50ｍもあり、駅から南に３００ｍの地点には、県内初のランドアバウト（環状交差点）が整備されている。また、八幡駅周辺には不燃化都市を体現すべく、鉄筋コンクリート造4階建ての防火建築が建設された（写真１）。これらは再開発によって取り壊されてしまったが、２棟が現存している[9]。

守田は民生面での大きな功績を残している。八幡駅周辺には、病院（１９５０年築、現在の北九州市立八幡病院）や図書館（１９５５年築、現在の北九州市立八幡図書館）、市民会館（１９５８年築）など、当時としては斬新かつ大規模な公共施設が多数配置されている。デザインにもこだわり、その多くは村野《むらの》藤吾《とうご》が設計に携わっている。また、守田の復興事業とは関連しないが、駅前通りと旧3号線（通称電車通り）の交差点には、１９７１年に建設された福岡ひびき信用金庫本店が建っている。これも村野藤吾によっ

写真１　現在の八幡駅前

中央の道路は国際通り．両側にそびえる高層マンションの場所には防火建築が建っていた．奥中央は福岡ひびき信用金庫本店．2023 年 3 月西山撮影．

て設計されたものであり、最上部の塔屋は溶鉱炉を表現したものともいわれている。その他、守田は各地区に保育所を併設した公民館を建設したり、公園や緑地を配置したりするなど、市民の文化レベルの向上や住環境整備にも力を入れた。守田のまちづくりと製鉄所は関連性がないようにも思える。しかしながら、守田の先進的なまちづくりは、製鉄所からの理解や、製鉄所を源とする充実した財源の賜物だったといえよう。

【高齢化が進む斜面住宅地】

八幡東区役所北側の高炉台公園には「山へ山へと八幡はのぼる　はがねつむように家がたつ」との文字が刻まれた石碑が建っている。これは北原白秋《きたはらはくしゅう》が１９３０年に八幡を訪れた際に作詞した『八幡小唄』である。

北の洞海湾、南の帆柱《ほばしら》山系に挟まれた八幡は、もともと平地が少なかった。一方、平地の大半は、製鉄所や店舗や事務所、そして八幡製鉄所の社宅で占められている。人々は開発余地がある斜面に住宅を建設せざるを得なかった。斜面に建つのは住宅ばかりではない。小・中学校や高校までもが斜面地や稜線付近に立地した。八幡中央小学校や大蔵中学校、九州国際大学附属高等学校が好例である。

戦前より市街地化したことから、街路は著しく狭く、階段が続く路地が縦横無尽に広がっている（写真2）。車道から高低差30ｍほど階段を登らないと自宅までたどり着けない場所も少なくない。

戦前から都市化した八幡では、これらの地域の高齢化や人口減少が特に進行している。それを反映して、八幡東区の高齢化率（２０２０年国勢調査）は36・5％と北九州市全体31・7％よりも大幅に高い。ＧＩＳで町丁字別に高齢化率を地図化してみても、傾斜地が特に高くなっている。近年では、買い手がつかず、放置され、草木が繁茂し、朽ちた住宅や空き地を多く目にするようになった。そうした場所は、県や市による建築規制[10]がかけられた範囲だけに留まらず、斜面地全体に及んでいる。その対策として、北九州市は2021年に、いわゆる逆線引き[11]の候補地を公表した。対象地域の面積は市域の2％、対象人口は3万5200人であった。特に八幡東区はその割合が高く、区域面積の8％、対象人口は1万人とされた。しかし公表後、対象地域の住民や地権者などから2022年2月までに計2550件の意見書が寄せられ、八幡東区では候補地の面積の7割、人口では96％が逆線引きの対象から除外された（他区でも同様に大幅に縮小）。こうした逆線引きは、先進的な取り組みとして評価できる。しかしながら、行政としても民意を無視できず、事実上頓挫したといえる。

写真2　枝光地区の斜面住宅地

写真上（藤見町）の階段は当地区においては幅が広く整備されている部類に入る．写真下（山王3丁目）は朽ちた戸建住宅．空き地もかなり多い．土地販売の看板には「326坪130万円」という看板を見かけた．2023年3月西山撮影．

【栄光の影で】

八幡では、製鉄などによる繁栄の反面、深刻な大気汚染と洞海湾の水質汚濁を引き起こしていた。

1960年代の八幡を知る人々からは、「鼻くそは黒いものだと思っていた」、「八幡のスズメは黒かった」など、当時の大気汚染のすさまじさを物語るエピソードを聞くことができる。しかし、多くの住民が製鉄所の恩恵を享受していたことや、むしろその煙に誇りさえ感じていたことから、八幡製鉄所から排出される煙に異議を唱える者はほとんどいなかったという。

八幡には、当時の大気汚染のすさまじさを物語る場所がある。八幡のなかでも特に大気汚染が深刻だった、黒崎駅北東側に位置する城山緑地と城山球場である。ここにはかつて城山小学校や八幡製鉄所の社宅があった。ところが1960年代後半から煤煙の影響によって、社宅が移転するなどした結果、小学校も1977年に閉校した。

戦後日本の公害問題は、日本四大公害や川崎などが有名である。しかし、八幡製鉄所を中心とする工業の繁栄の裏で、八幡においても日本屈指の公害が発生していたことを忘れてはならない。

◆八幡で出会った情熱と人情ある人々

筆者の出身である北海道と八幡は似たところがある。それは「よそ者の寄せ集め」という点である。そのため、出自や伝統、しきたりなどにこだわらず、新しいことにチャレンジしたり、互いに助け合ったり、よそ者に寛容であったりする人が多いように感じられる。筆者にとってそうした八幡の空気は妙に心地よい。

最後に、そうした八幡の空気を感じさせてくれる店舗・企業を紹介したい。1つ目は祇園町の鮮魚店「浜崎《はまさき》鮮魚店」である。この店舗では安価にトラフグを提供してくれる。女将さんお手製の「さばのぬか炊き」や大将・女将、若女将の満面の笑顔も絶品だ。この店舗はとにかく人情に篤い。全国配送も行っているので、ぜひ、絶品の鮮魚と人情を堪能していただきたい。

２つ目は、「天晴《あっぱれ》」という西本町のとんこつラーメン店である。大将の木藤丈晴《きとうたけはる》さんは、北九州代表のような人物である。見た目は（少し）怖いが、情熱的で、人情にも篤い。それはラーメンにも表れている。とんこつラーメンというと濃厚なイメージがあるが、マイルドにして塩気や風味のバランスが絶妙でうまい。個人的には焦し油で野菜を炒めたちゃんぽんがお勧めである。

３つ目は、「八幡 izakaya1901」という八幡ぎょうざの居酒屋である。店主の坂本洋二《さかもとようじ》さんは金属関連の会社を本業で営んでいるが、桁違いの八幡愛が高じて八幡製鉄所のおひざ元である中央町商店街に、妻の香織さんの協力のもと２０１８年に店舗を出した。当店では全国７カ所の餃子が食べられるのも魅力の一つだ。また坂本さんは、まちおこし団体「八幡ぎょうざ協議会」の中心メンバーでもある。彼は八幡のために生まれてきたような人間である。

最後に枝光地区にある「光《ひかり》タクシー」という老舗タクシー会社である。当社は、社長の石橋孝三《いしばしこうぞう》さんが中心になり、枝光地区の斜面住宅地に高密度、高頻度、低価格の乗合タクシー網を整備し、地域活性化の成功事例として注目を集めている。５路線ある乗合タクシーは1時間にそれぞれ２本以上運行されており、１回２００円で乗車できる。急傾斜の狭隘道路を縦横無尽に走るタクシーは、ジェットコースターのようである。15分ほどの乗車時間のなかで、地域の状況を手軽に把握できる。またこの取り組みは、高齢化社会における地域交通のあり方や重要性を示すお手本でもある。

紙幅の関係上、４つの事例の紹介に留まってしまった。しかし、筆者が暮らした3年間のなかで、八幡を愛し、地域のために気を吐く多くの魅力的な人々と出会った。これらの人々との出会いは、筆者にとってかけがえのない財産である。八幡を含めた北九州は、往時に比べれば衰退したかもしれない。しかし鉄鋼業をはじめとした製造業は、まだまだ健在であるし、近年では自動車産業も盛況である。また、九州の最北部に位置するという地の利は、時代の移ろいによって変化するものではない。そして何よりも、北九州や八幡を愛し、地域発展のために情熱を傾ける心意気は今でも息づいている。それがある限り、北九州は錆びつくことなく輝き続けるであろう。

（西山弘泰）

［注］

（1）本稿では、便宜上、一貫して「八幡製鉄所」と呼ぶ。
（2）松井和幸（2022）『鉄の日本史―邪馬台国から八幡製鐵所開所まで』筑摩書房。
（3）八幡の生い立ちについては、阿部和俊（2007）「近代工業都市の典型―北九州市八幡東区の都市景観の変遷」、阿部和俊編『都市の景観地理 日本編1』所収、古今書院、96―100頁も参考にしてほしい。
（4）当時の八幡市の市域の人口。
（5）八幡製鐵所所史編さん実行委員会（1980）『八幡製鐵所八十年史　部門史　下巻』新日本製鐵株式会社八幡製鐵所。
（6）終戦直後に日本政府が採った経済政策。戦前における日本の基幹産業であった鉄鋼と石炭産業の振興を重点的に支援し、経済復興を目指した。
（7）毎日新聞2012年6月27日朝刊。
（8）復興事業以前の八幡駅は、現在の地点よりも西に300mほどの場所にあった。
（9）八幡駅前の復興事業や守田道隆については、橋田光太郎（2015）「八幡の戦後復興と守田道隆」日本地理学会発表要旨集87、167頁および、仲間浩一・牛島　宏（1997）「旧八幡市の戦災復興都市における八幡駅を基点とした景観軸形成について」土木計画研究・講演集29に詳しい。
（10）福岡県の急傾斜地崩壊危険区域や北九州市の宅地造成工事規制区域などが該当する。なお、八幡東区の斜面住宅地の現状については、藤塚吉治（2021）「北九州市八幡東区の急傾斜地にある住宅地の衰退」、漆原和子ほか編『図説世界の地域問題100』所収、ナカニシヤ出版、156―157頁でも紹介されている。
（11）都市計画法の区域区分における市街化区域を市街化調整区域に変更することをいう。市街化区域に編入されると原則宅地開発などが制限され、資産価値の低下につながるとされる。

長崎県　五島市　ワイン、焼酎、そしてクラフトジン

◆セネット著『クラフツマン』をめぐって

クラフツマンシップとは、たとえば我慢強く基本に忠実な人間的衝動のことであり、仕事をそれ自体のために立派にやり遂げたいという願望のことである。（セネット、2016、32頁）

社会学者のリチャード・セネットが述べるクラフツマンシップとは職人技あるいは職人気質と訳すことができるかもしれない。(1)だが、このクラフツマンシップとは、いわゆる手仕事を主とする職人のそれだけに限定されるものではない。セネット（2016）は音楽家やガラス職人、教師や医者、子どもを育てる親もコンピュータープログラマーもクラフツマンであると断言し、「ほとんど誰でもよいクラフツマンになることができる」（同書453頁）と提起する。セネットが物議を醸すことを承知でこのように述べるのは、師であるハンナ・アレントへの反論からである。アレント（1994）は人間のありようとして「労働する動物」と「工作人」という区分を打ち出した。すなわち、盲目的な機械労働と創作活動とを区別したわけだが、セネット（2016）はこの区分を刷新して副題にもあるものづくりと思考とが表裏一体であることを示す。まさに「人間は自分たちが作るモノを通じて自分自身について学ぶことができる」（セネッ

ト、２０１６、30頁）というわけだ。

本章で取り上げるのは長崎県五島《ごとう》市と、ここにあるワイナリーと焼酎とクラフトジンの蒸留所、それらの酒造りのクラフト性についてである（図１）。先に述べておくと、ワインにせよ、焼酎にせよ、またジンにせよ、それをつくる過程は極めてクラフト的である。なぜならば、蒸留、醸造、混成の種類にかかわらず、これらの酒造りは単純な反復作業を厭わないものだからだ。たとえば、蔵の清掃や醸造タンクの洗浄は何度も念入りに行われる。これは食品衛生の観点のみならず、それ以上に味わいのバラツキをなくし、一定の酒質を維持するために重要なのである。また、原材料の計量、発酵時間の計測、ボタニカルの抽出とその割合など、すべてが造り手に身体化されている。他方、それらの酒の消費の地理に関する議論は必ずしも多くないと思われる。

近年、クラフトビールやクラフトサケ、クラフトコーラなどクラフトを冠する飲食品をしばしば目にするようになった。酒造りはクラフト的と述べたが、そのあたりを五島の酒造りから予察的に示してみたい。

◆五島市について

五島市が位置する福江島《ふくえじま》だが、ここを対象とした地理学からのアプローチは、歴史、民俗、漁業のほか

図１　五島市における蒸留所とワイナリー
地理院地図を一部改変.

多岐にわたる（たとえば田和、1980、八木、1981など）。小論に直接関係があるものとして、宮澤（2005）は、小売業と住民の購買行動の変化から中心市街地における商業の衰退について明らかにする。五島藩の城下町であった福江は戦後の大火を経験し、市街地整備がなされたものの、中心市街地の外側に大規模店舗や病院が立地したことにより、空き店舗が増加してしまった。これは島内の道路網の整備とモータリゼーションの進展とも無関係ではない。もう一点は福江島の観光について。松井・小島（2007）は上五島《かみごとう》におけるキリシタン・ツーリズムの実態を明らかにするが、上五島よりも下五島《しもごとう》とりわけ福江島に宿泊施設が集積していることから、福江島は五島列島観光の拠点となっているという。現在、ホテルやゲストハウスなども新規開業しており、そのニーズがあることを示す。

図1からもわかるように、島の東部に位置する福江港に島と九州とを結ぶフェリーやジェットフォイルが発着する。その背後に福江城や中心商店街がひかえ、ここから比較的近いのが五島ワイナリーで、鬼岳《おんだけ》（標高315m）の麓に立地している。島の北西の三井楽《みいらく》町には焼酎をつくる五島列島酒造がある。島の北東の戸岐《とぎ》町半泊《はんとまり》地区にクラフトジンをつくる五島つばき蒸溜所が立地している。

◆ワイン、焼酎、そしてクラフトジン

それでは福江島での酒造りの現場をみていこう。五島ワイナリーは国内最西端の離島のワイナリーであり（写真1）、宿泊施設やレストランも併設されている。ワイナリーにはショップが併設されており、五島ワイン（ショップでもすぐに売り切れてしまう）のほか、ややマニアックな地ブドウを楽しむことができるクロアチア産のワインが購入可能だ。ここでは年間約2万本のワインが五島産や長崎県産のブドウで醸造されている。たとえば、スパークリングワインもオススメだが、これは五島産のキャンベル・アーリー

種を用い、島に自生する椿から採取された五島つばき酵母を使ってつくられる。ロゼらしく華やかでバランスのよいワインである。醸造責任者をつとめるのがニュージーランド出身のアーロン・ヘイズさん。ワイナリーの周辺は日照時間が長く、水はけのよい火山の土壌と潮風の影響もあり、ミネラル豊富なブドウが育つという(写真2)。五島ワイナリーのブドウ畑は勝沼や塩尻、池田などのブドウ畑と規模の面では比べようもないが、火

写真1　五島ワイナリー
2023年10月21日山口撮影.

写真2　五島ワイナリーのブドウ畑
レインカットの骨組みも見える．2023年10月21日山口撮影.

山灰土壌、潮風という地域特性がおもしろく、アーロンさんいわく、ニュージーランドとも似ているという。今後どのようなワインがつくられるのか楽しみである。

五島列島酒造は２００８年の設立で三井楽町濱ノ畔《はまくり》にある焼酎の蔵元である。五島列島産の二条大麦を全量使用し、２年間の熟成による麦焼酎と伝統食「かんころ餅」の原料となる五島産のさつま芋を使用した芋焼酎がうまい。どちらもうまいのだが、地魚の刺身には麦焼酎、煮付けや少し味が濃いものには芋焼酎のお湯割りはどうだろうか。また、焼酎の原酒に少量の割り水を加え、アルコール度数を40度に調整した芋焼酎もどっしり豊潤で大変よい。中通島《なかどおり》の有川《ありかわ》にある五島灘酒造とともに、これらの焼酎は福江の飲食店で楽しむことができる(2)。

最後にクラフトジンである。福江から県道１６２号線を北に上り、久賀島《ひさか》との航路がある奥浦港《おくうら》をみながら、戸岐大橋を渡る。しばらく行くと県道から分かれて半泊地区に向かう細道がある（写真３）。山あいの細道には、獣害対策であろうか、イノシシ用の檻が設置されている。このようなところに集落があるのは潜伏キリシタンの歴史と関係がある。半泊は江戸末期に大村藩領のキリシタン弾圧から逃れた数家族が住み始めたのが最初といわれている。その後、１９２２年に鉄川与助によりカトリック半泊教会がつくられた。

五島つばき蒸溜所の取締役でマーケティング・ディレクターの小元俊祐さんは、このような重たい歴史もクラフトジンをつくるうえで欠かせないと述べる。この蒸留所は大手酒造メーカーのキリンを退職した３人で２０２２年に立ち上げられた。小元さんと代表取締役で蒸留家の門田クニヒコさん、取締役でディスティラーであり、ブレンダーの鬼頭英明さんである。かれらはどこに蒸留所をつくるか検討し、静岡市、愛媛県西条市、そして五島市を候補地として絞り込んだ。その際、細い山道を抜けてやっとたどり着く、小さな入り江の半泊の風景に出会い、この土地が心から離れなくなったという（写真４）。

写真 3　五島つばき蒸溜所への分かれ道
山あいの細道が蒸留所までつづく．2023 年 10 月 21 日山口撮影．

写真 4　五島つばき蒸溜所
右奥に半泊の入江が見える．2023 年 10 月 21 日山口撮影．

蒸留所に併設されているボトルショップで購入できるGOTOGIN the originは、ジンでは珍しくブレンドにこだわっており、それは鬼頭さんの手によるものだ。たとえば、ジンをジンたらしめるジュニパーベリーも小さな実のひとつひとつを一文字割りにするという困難な方法を採用し、クリアで爽やかな香りだけを抽出している。キーボタニカルはやはり五島産の椿の実。その他、つばき茶、椿油搾り粕、柑橘《かんきつ》など17種類のボタニカルがそれぞれ蒸留され、ブレンドされる。素材ごとに実の割り方、漬け込むアルコール度数、カッティングポイントなどが異なり、よりよいものが追求される。複雑で重層的なのにシンプル、おすすめの通り、最初はストレートで、その後はロック。鹿肉などのジビエのグリルとあわせたソーダ割りも大変おいしかった。これまで私はジンそのものを呑む機会はそれほど多くなかったが、今までのそれとはまったく別物で風景のアロマが感じられる。その風景とは半泊の歴史と文化の総体である。他方、アルコールと都市史の文脈ではジンは負の側面が強調されてきたように思われる。(3) ジンとそれをめぐる社会も、そしてそれを呑む私もまた変わっていくのである。

◆改めてクラフツマンへ

これまで五島の酒造りを概観してきた。ここで一点確認しておきたいことは、テクノロジーの進展がクラフツマンの役割を奪ってしまったというのは誤りということである。テクノロジー対人間という単純な二項対立でもない。たとえばセネットもLinux信者を自認し、このオープンソースのテクノロジーには、ユーザーが問題を発見し、協働して改良を加え、よりよくしていく柔軟性があると断言する。現在の酒造りには大なり小なりテクノロジーが導入されている。問題であるのはテクノロジーに身を委ねすぎることであり、それが先行しすぎると私たちは考えることをやめてしまうということである。

五島ワイナリーのヘイズさんはアデレードの大学でワインの研究に従事し、ワインを哲学するという。五島列島酒造も五島産の原料にこだわって焼酎を醸造する際に数えきれないぐらいの試行錯誤を繰り返したはずである。大手酒造メーカーを退職して五島つばき蒸溜所を立ち上げた3人は、収入ではなく、お酒がもつ「物語」とその豊かさ、そして五島という「地域性」に何かを託したのだと思う。これらのことから、クラフト性は問題を解決するものではなく、問いを見つけようとするものにつながっていく。それは正しい答えのない問いを考え、反復的かつ自己内省的に調整する技術である。原料やお酒といった対象との対話、自らを覚醒させ、変様させること。クラフトにかかる時間が緩やかに流れ、実践が埋め込まれ、技術が自分自身のものになり、身体化されること。これらは拙速に結果が追求され、有用性のみが支配する現代社会の状況とは根本的に異なるものであり、セネット（２００８）による後期資本主義経済への戒めそのものである。

これともかかわるシャロン・ズーキンの消費欲に関する研究は一定の示唆を与えてくれそうだ（Zukin, 2003)。ズーキンによると、買い物の際に一般消費者が感じる実際上のジレンマとして、消費者には古い世代の人がもっていた商品知識がなく、物質的なものの新しい理解が必要であるという。それは従前の製造知識や技術知識というよりも、品質の感覚的理解、製品が生まれた文化的伝統についての社会的物語を思い浮かべられる想像力であると論じる。このことはセネット（２００８）が述べる、現代の消費者はクラフツマンがするようにはできなくとも、クラフツマンのように考える必要があるということとも符合する。近年、地理学でもそのような消費にもかかわる書籍も刊行されている（たとえば、濱田、２００７）。今後、私たちがお酒も含めてクラフトなるものを消費したいのであれば、クラフツマンとして知ること、そして考えることがますます必要になるのであろう。

（山口　晋）

[注]

（１）実際、セネット（２００８）では職人技に、セネット（２０１６）では職人気質に、クラフトマンシップ／クラフツマンシップのルビがふられている。

（２）九州における酒や食事文化の地理については中村周作による一連の研究が参照される。中村（２０１２、２０１４、２０１８）では、焼酎や日本酒のほか、それにあう料理などが詳細に報告され、それらの飲食の地域的差異についても分析されている。酒蔵や酒販店、飲食店への詳細な聞き取りから分厚い記述がなされている。

（3）角山・河北編（1982）には、ウィリアム・ホガースによるイースト・エンドのジン横丁とビール通りの様子が対照的に描かれている。この組絵はジンの飲酒による社会的影響が最悪の事態に至った時に描かれ、ジン横丁では怠惰、貧困、悲惨さ、身の破滅が描かれているのに対して、ビール通りに登場する人々は陽気で活気に満ちている（角山・河北編、1982、224—225頁）。

［参考文献］

・角山　栄・川北　稔編（1982）『路地裏の大英帝国—イギリス都市生活史』平凡社。
・田和正孝（1980）「五島列島椛島における漁業の変化過程」人文論究30—3、107—141頁。
・中村周作（2012）『熊本　酒と肴の文化地理—文化を核とする地域おこしへの提言』熊本出版文化会館。
・中村周作（2014）『酒と肴の文化地理—大分の地域食をめぐる旅』原書房。
・中村周作（2018）『佐賀　酒と魚の文化地理—文化を核とする地域おこしへの提言』海青社。
・濱田琢司監修（2007）『あたらしい教科書11　民芸』プチグラパブリッシング。
・ハンナ・アレント／志水速雄訳（1994）『人間の条件』ちくま学芸文庫。
・松井圭介・小島大輔（2007）「長崎県・上五島におけるキリシタン・ツーリズムの展開」、平岡昭利編『離島研究Ⅲ』所収、海青社、107—124頁。
・宮澤　仁（2005）「五島列島・福江島における近年の小売業と消費者購買行動の変化」、平岡昭利編『離島研究Ⅱ』所収、海青社、133—148頁。
・八木康幸（1981）「五島農村のムラ構成とその変化—福江島大川原の場合」人文論究30—4、143—170頁。
・リチャード・セネット／森田典正訳（2008）『不安な経済／漂流する個人—新しい資本主義の労働・消費文化』大月書店。
・リチャード・セネット／高橋勇夫訳（2016）『クラフツマン—作ることは考えることである』筑摩書房。
・Zukin, S. (2003) *"Point of Purchase: How Shopping Changed American Culture"*, New York and London: Routledge.

あとがき

2023年11月に『日本の都市百選　第1集』を刊行したのに引き続き、このたび『日本の都市百選第2集』を刊行することができた。古今書院の原 光一氏から、「第1集が好評だったので、第2集を」という連絡をいただいたとき、正直、うれしいというよりも安心したという気持ちのほうが強かった。第1集と銘打って刊行したからには、第2集も視野に入れていると思われているかもしれない。にもかかわらず第2集が刊行されなかったらどうしようという不安を持っていた。私たちがこれまでに行ってきた都市百選の取り組みが、読者の方に評価していただけたのだという安堵の気持ちである。

本書のベースとなっているのは、月刊『地理』誌において連載されている「地理学者が選ぶ　日本の都市百選」である。本書の編著者6名が中心となって、それぞれが面白いと思う都市を取り上げ、それぞれの視点で都市を紹介するというスタイルで進めている。今回の第2集では、編著者以外に杉谷真理子氏にも執筆に加わっていただいた。編著者は、なるべく多様な都市紹介を心がけてはいるものの、やはり視点が偏ってしまうこともある。その意味で、新たに加わっていただいた杉谷氏の論考が、本書のアクセントになっているのではないかと思う。月刊『地理』誌の連載において、今後も、編著者以外の方に執筆していただく予定である。これによって、日本の都市をより魅力的に伝えられる連載になっていくのではないかと期待している。

第2集におけるもう一つの特徴として、月刊『地理』誌上の「特集：横浜〈都市百選特番〉」が所収されていることである。これは、通常の都市百選の連載とは異なり、編著者6名が一つの都市を様々な角度から紹介するというものである。それぞれの論稿から、大都市・横浜の持つ多様な顔が見えてくるはずである。

第1集に引き続き、第2集の発行においても、古今書院の関　秀明氏、原　光一氏、太田昌勝氏には、大変お世話になった。私たち編著者の多種多様な要求にいつも丁寧に対応していただいている。ここに記して感謝いたします。

稲垣　稜

２０２４年3月12日

＊月刊誌『地理』（古今書院）のページ　https://www.kokon.co.jp/monthly/

編著者略歴 ［*編者］

稲垣　稜*（いながき りょう）

奈良大学文学部教授．1974年岐阜県生まれ．名古屋大学大学院人間情報学研究科博士後期課程修了．博士（学術）．専門は都市地理学．主著に『郊外世代と大都市圏』（ナカニシヤ出版），『現代社会の人文地理学』（古今書院），『都市の人文地理学』（古今書院），『日常生活行動からみる大阪大都市圏』（ナカニシヤ出版）．

牛垣 雄矢*（うしがき ゆうや）

東京学芸大学教育学部准教授．1978年神奈川県生まれ．日本大学大学院理工学研究科地理学専攻博士後期課程修了．博士（理学）．専門は都市地理学，商業地研究．主著に『まちの地理学－まちの見方・考え方－』（古今書院），『身近な地域の地理学－地誌の見方・考え方－』（古今書院），『地誌学概論（第2版）』（共編著，朝倉書店）．

小原 丈明*（こはら たけあき）

法政大学文学部教授．1975年滋賀県生まれ．京都大学大学院人間・環境学研究科博士後期課程修了．博士（人間・環境学）．専門は都市地理学．主著に『ジオ・パルNEO－地理学便利帖－』（共編著，海青社），『経済地理学への招待』（分担執筆，ミネルヴァ書房），『都市空間と産業集積の経済地理分析』（分担執筆，日本評論社）．

駒木 伸比古*（こまき のぶひこ）

愛知大学地域政策学部教授．1981年高知県生まれ，徳島県育ち．筑波大学大学院生命環境科学研究科地球環境科学専攻修了．博士（理学）．専門は都市・商業地理学，GIS．主著に『役に立つ地理学』（共編，古今書院），『地域分析－データ入手・解析・評価－』（共著，古今書院），『まちづくりと中心市街地活性化』（分担執筆，古今書院）．

西山 弘泰*（にしやま ひろやす）

駒澤大学文学部地理学科准教授．1983年北海道札幌市生まれ．明治大学文学研究科地理学専攻修了．博士（地理学）．専門は都市地理学，地域政策，地域連携．主著に『都市の空き家問題 なぜ？どうする？』（共編著，古今書院），『*A Rise in Vacant Housing in Post-Growth Japan*』（分担執筆，Springer Japan）．

山口　晋*（やまぐち すすむ）

目白大学社会学部准教授．1978年滋賀県長浜市生まれ，奈良県奈良市育ち．大阪市立大学大学院文学研究科後期博士課程単位修得退学．博士（文学）．専門は都市の文化社会地理学．最近の著書に『*Political Economy of the Tokyo Olympics*』（分担執筆，Routledge）．最近の論文に「冬季五輪のボブスレー・トラックの廃墟と痕跡からみる物質性と情動の地理」目白大学人文学研究第19号，55～68頁．

杉谷 真理子（すぎたに まりこ）

若菜エステートマネジメント株式会社．1989年生まれ．広島大学大学院教育学研究科博士課程後期文化開発教育学専攻修了．博士（学術）．専門は都市地理学．住宅景観を中心に研究．

書　名	**日本の都市百選　第2集**
英文書名	A Selection of Attractive Japanese Cities, volume 2
コード	ISBN978-4-7722-6132-6　C1025
発行日	2024年7月25日　初版第1刷発行
編著者	**稲垣　稜・牛垣雄矢・小原丈明・駒木伸比古・西山弘泰・山口　晋**
	Copyright ©2024 INAGAKI Ryo, USHIGAKI Yuya, KOHARA Takeaki, KOMAKI Nobuhiko, NISHIYAMA Hiroyasu and YAMAGUCHI Susumu
発行者	株式会社古今書院　橋本寿資
印刷所	太平印刷社
発行所	**株式会社 古 今 書 院**
	〒113-0021　東京都文京区本駒込 5-16-3
電　話	03-5834-2874
F A X	03-5834-2875
U R L	https://www.kokon.co.jp/
	検印省略・Printed in Japan